Avec le temps…

Michel Drucker

avec la collaboration de Françoise Delivet

Avec le temps...

Préface de Nathan Devers

Albin Michel

À Rebecca, ma petite-fille

Avec le temps va, tout s'en va…

Léo Ferré

Tout s'anéantit, tout périt, tout passe,
il n'y a que le monde qui reste,
il n'y a que le temps qui dure.

Denis Diderot

Le temps ne va pas vite quand on l'observe. Il se sent tenu à l'œil. Mais il profite de nos distractions. Peut-être y a-t-il même deux temps, celui qu'on observe et celui qui nous transforme.

Albert Camus

Préface

Si l'existence est avant tout l'aventure d'une quête, et l'amitié une école toujours initiatique où les vies s'entretissent à mesure qu'elles dialoguent, je crois pouvoir dire que celle de Michel Drucker, telle qu'il me l'a narrée dans ces pages, est animée par un souhait cardinal : donner du sens au temps. Lui dont le visage a incarné et continue de mirer tant d'époques successives depuis six décennies, lui qui a « inventé » tant d'artistes – chanteurs et comédiens mêlés, stars d'une saison et légendes passées depuis à la postérité –, lui qui a su garder son style quand les modes s'écoulaient et dont l'intarissable bienveillance est restée identique, qu'il interviewât Claude François, Chirac, Céline Dion ou Gainsbourg, lui qui a réussi à représenter dans ses émissions tant de Frances différentes, celle de sa Normandie natale et celle du studio Gabriel, celle des traditions et celle de l'avant-garde, celle qui change sans cesse et son envers qui ne bouge jamais, toutes réconciliées dans l'espace de *Vivement dimanche* ou de *Champs-Élysées* – lui donc, Michel Drucker, m'a révélé dès nos premiers échanges que, depuis ses débuts, il avait été secrètement guidé par une étoile singulière et secrète : l'idée de la durée.

Cet aveu, il me l'a fait dès notre première conversation. C'était dans un restaurant où il m'avait donné rendez-vous à l'heure du déjeuner. Je m'attendais à rencontrer « Michel Drucker » – celui dont j'ai parlé au premier paragraphe : une figure que tout le monde connaît tant elle est devenue familière du public –, j'ai découvert Michel : un homme dont l'incroyable jeunesse m'a aussitôt séduit. Son absence totale d'orgueil. Son humilité absolue, que sa célébrité et sa carrière inégalée n'ont pas estompée. Le souci et l'attention intenses qu'il porte aux autres. Le sentiment qu'il donne à son interlocuteur, pendant qu'il le questionne, d'occuper un instant le centre de l'univers. Cette curiosité exacerbée, empreinte d'une générosité résolument gratuite, qui le pousse à s'intéresser à chaque rappeur, humoriste, écrivain ou politique émergents de ma génération. Réciproquement, la fidélité qu'il voue aux morts dont il me parle : ses amis disparus, ses mentors dans le métier, ses parents et son frère Jean. La transparence absolue avec laquelle il me livre ses regrets, ses angoisses, ses motifs de fierté, ses rêves d'avenir. Et puis cette confidence qui jalonne ses paroles :

« Nous sommes si différents… Tu as étudié la philosophie, mon parcours est celui d'un autodidacte. Tes origines se situent en deçà de la Méditerranée, les miennes en Bucovine, l'Ukraine d'aujourd'hui. Tu as grandi religieux, et moi profondément laïc. Ton enfance s'est déroulée à Paris, la mienne en Normandie. Tout semble nous distinguer, jusqu'à l'âge. Mais l'âge, justement… Tu as celui que j'avais quand j'ai débuté à la télévision. Tu verras, la route est longue… Semée de mirages, d'illusions, de séductions faciles… Ne te fie jamais à ces fausses paillettes de l'instant immédiat. Ne recherche surtout pas le succès pour lui-même. Au contraire, si les choses semblent tourner en ta faveur, prends garde et méfie-toi. Car toute la question est là : donner du temps au temps… »

Je suis jeune, il est vrai, et mon expérience de la société humaine est encore extrêmement limitée. Mais ce qui me frappe, ce jour-là, c'est l'extrême *vérité* qui émane de Michel. Chez cet homme qui a connu tous les succès du monde, nulle trace de vanité. Nulle autocomplaisance. Nul goût de la médisance. Nul sentiment de supériorité. Au contraire, une gentillesse inouïe dont je sens aussitôt qu'elle n'est pas travaillée mais lui est naturelle, attachée à son être comme une identité. « Qu'il est difficile d'être simple », écrivait jadis Van Gogh à son frère. Qu'il est miraculeux, pourrait-on ajouter, quand on est « Michel Drucker », d'être resté Michel. Et je comprends, à nos premiers échanges, qu'une amitié immédiate est née par-delà les différences et les générations.

Ce livre est né ainsi : de l'histoire d'une amitié subite.

Michel m'a offert la chance de participer à l'aventure de *Vivement dimanche*, en me proposant d'y présenter une chronique littéraire sur le plaisir des textes. Par-delà la joie que cet exercice m'a prodigué – dire du bien des livres qu'on admire, le seul acte de lecture qui vaille la peine d'être communiqué –, ce fut surtout l'occasion de découvrir l'univers de Michel. Le studio Gabriel, cet endroit hors du temps qui lui sert de QG. Son bureau dont les murs sont peuplés, en guise de fenêtres, de souvenirs et de photographies, dont la plus grande est celle de son frère Jean, son modèle, son héros, dont la disparition reste pour lui une cicatrice ouverte. Ces escaliers escarpés qui mènent des loges au plateau. Cette atmosphère très travaillée de grande télévision. Les répétitions avant chaque émission. L'extrême concentration avec laquelle Michel prépare, mi-comédien et mi-metteur en scène, chacune des séquences. La complicité non feinte avec ses équipes, Françoise, Éric, Florence, Valérie et Nelly, qui l'accompagnent depuis le tout début. À l'inverse, ce soin qu'il a de recevoir, chaque semaine, des « nouvelles têtes » : tantôt une jeune chanteuse qui se produit pour la première fois, tantôt un cinéaste signant son premier film, tantôt l'auteur d'un premier livre ou un humoriste apprivoisant la scène, tous intimidés de débarquer ici, d'être reçus dans « l'émission mythique de Michel Drucker », mais découvrant aussitôt que ce mythe est vivant, bienveillant, profondément humain. Ce mélange, donc, des époques et des générations. Cette ambiance d'authentique transmission. Et puis, surtout, et j'insiste dessus, ce naturel dans la maîtrise, cette absence d'esprit de sérieux, qui fait de Michel le gardien d'un microcosme qui reflète son âme.

Parallèlement aux enregistrements, nos conversations sont devenues de plus en plus fréquentes. Au téléphone ou autour d'un café, c'est alors par bribes que j'ai découvert la personne de Michel. Par touches d'anecdotes. Ses souvenirs d'enfance. Son père, Abraham Drucker, médecin passionné et exigeant, interné pendant la guerre dans la baraque où, vingt ans plus tard, Michel effectuera son service militaire. Sa mère si sensible, lectrice assidue du *Nouvel Obs* et du *Monde*. Ses deux frères, Jacques et Jean, qu'il admire autant qu'il les aime. L'amour qu'il voue à son épouse Dany et qui, lui aussi, incarne la durée. Léon Zitrone, la grève de 1968, les années RTL et Europe 1, les différents présidents qu'il a connus – tous ! –, l'ensemble des stars qu'il a dévoilées au grand public, son attachement à rencontrer leurs parents pour mieux les comprendre, la complicité qu'il entretient avec son public, sa grande passion du sport, le vélo et la marche chaque jour, ce lien charnel qui le relie à la France, celle de Romain Gary (pas une goutte de sang mais elle coule dans mes veines) et celle, plus profonde, qu'il n'a cessé d'arpenter au cours des décennies. Ses nièces. Ses amis. Son amour des animaux. Sa certitude qu'on ne guérit jamais de son enfance mais que les meilleures années sont celles qu'il reste à vivre. Ce mélange, donc, de pessimisme de l'intelligence et d'optimisme de la volonté, à l'instar de la difficile épreuve qu'il a traversée une première fois en 2020, lorsqu'il a passé des mois entiers à l'hôpital à la suite d'un problème de santé.

La santé, justement. Un jour de 2023, tandis que j'arrive au studio Gabriel pour enregistrer une émission, Michel me murmure qu'il est tombé malade. Je savais qu'il couvait une étrange grippe depuis plus d'une semaine, mais là, le couperet est tombé : cette grippe n'en est pas une, elle cache un problème plus grave, probablement vital, nécessitant à coup sûr une hospitalisation immédiate. N'importe qui, dans ces conditions, aurait quitté sur le champ le studio pour obtempérer aux ordres des médecins. N'importe qui, sauf Michel. Car ce soir-là, il tient à tourner son émission comme si de rien n'était. Sitôt qu'il atteint le plateau, son visage se métamorphose, son corps et son regard aussi : la maladie a provisoirement disparu, effacée par la seule énergie, celle de continuer, de lutter – de gagner contre elle. C'est une transsubstantiation, au sens littéral du terme. Alors, pendant deux heures, Michel anime l'émission avec une fougue qui semble choir du ciel. Personne, dans le public, ne s'aperçoit de rien. Et, de l'observer triompher en secret de ce mal qui pointe, j'acquiers l'intime conviction que la bataille sera rude, mais qu'il la dominera pour en sortir vainqueur.

C'est dans l'hôpital où je lui ai rendu visite qu'est née réellement l'idée de cet ouvrage. Michel est là, affaibli mais incroyablement vaillant, remis d'une maladie dont tous les médecins craignaient qu'elle ne fût fatale. C'est un miracle, mais c'est celui de l'âme : son ardeur l'a sauvé. Plus vivant que jamais, se remettant d'emblée au sport, à la lecture de la presse, retrouvant immédiatement la curiosité qu'il porte sur le monde, Michel me fait part cependant d'une chose qui a changé. Cette histoire de durée... cette question de savoir ce qu'il reste de nous tandis que le temps passe, cette notion d'une éternité secrète, lovée dans une zone trouble où convergent l'espérance et l'angoisse, que les hommes peuvent chercher en leur for intérieur – ce mystère-là, l'énigme de sa vie, il aimerait lui donner une forme nouvelle : une forme qui dure. Un livre, donc, mais un livre dont le souffle serait lui-même oral, qui condense à lui seul le paradoxe d'un homme dont l'image n'a cessé de s'écrire dans le cœur du public.

Tout au long de l'été qui suivit sa rémission, nous avons discuté. Le dispositif était minimal, presque houellebecquien : chacun depuis chez soi, parlant de voix à voix au téléphone. Car à la simplicité du processus a répondu une profusion de mots. Michel s'est livré. Dans la durée, il m'a parlé de toute sa durée. Son enfance, référentiel qui continue de l'habiter. Son rapport à la célébrité. Son image publique. Ses amitiés. Ses admirations et ses indignations. L'anxiété qui le meut. La bienveillance qui lui sert d'éthique. La question de l'argent. De l'amour, de la fidélité. De la famille. De tous les changements que connaissent les sociétés, mais aussi de ses rouages constants de Balzac à nos jours. De la politique, de l'art, de la beauté du monde. L'ensemble que forme ce livre témoigne, je crois, d'une voix inédite, à la fois transparente et pudique, imprévue et sincère, dont la lucidité est pétrie de tendresse. Cet écrit, je l'espère, témoignera pour ses admirateurs du véritable temps où Michel a choisi d'exister : celui qui conjugue le passé, le présent et l'avenir. Pour moi, il fut et sera une leçon de vie autant que d'amitié.

Nathan Devers

Avant-propos

D'aussi loin que je me souvienne, j'ai toujours aimé ce qui dure. Les amours, les amitiés, les familles, la fidélité du public – les liens, comme les lieux. Ce n'est pas un hasard si j'habite le même quartier depuis soixante ans, ce quartier des Invalides qui était, autour de Cognacq-Jay, l'épicentre, le cœur battant de ce qui est devenu, à peine y ai-je posé le pied à vingt-deux ans, en 1964, la grande affaire de ma vie, ma passion : la télévision. Chaque jour, je le sillonne avec Isia, ma chienne. Il n'y a pas une vitrine que je ne connaisse, pas un banc où je n'ai un souvenir. Quand je pousse la porte de la pharmacie, j'ai l'impression que je vais voir surgir Philippe Noiret, qui était mon voisin. Les rues de ce quartier constituent autant d'étapes de ma vie, mes cailloux de Petit Poucet. Nulle part ailleurs je n'éprouve ainsi à la fois le temps qui passe, s'enfuit irrémédiablement, et une forme de pérennité, les deux intimement mêlés. Ce sentiment paradoxal est très troublant. D'une certaine manière, ma si longue carrière en est le reflet. Entre les deux jeunes filles rencontrées dans un train, au début des années 2000, m'apostrophant déjà d'un « Oh vous, vous êtes vendu avec le poste ! » et les passants qui m'arrêtent aujourd'hui en me demandant comment j'ai fait pour être encore là, court la même interrogation. Lorsque j'ai été hospitalisé, pour la seconde fois en trois ans, en 2023, cette fois aussi avec une chance ténue de m'en sortir, je me répétais : *Je vais revenir, il faut que je revienne, je n'en ai pas fini, je ne suis pas au bout de cette passion*. C'est le désir de continuer à faire ce métier qui m'a permis de ressortir de l'hôpital. De guérir. L'âge n'a pas de prise sur un tel désir : la preuve, à quatre-vingts ans passés, il m'anime comme il m'animait déjà à vingt ans. Mais je n'ai plus vingt ans et je ne vois plus les choses de la même façon depuis ce long séjour à l'hôpital. L'année dernière a marqué mes soixante ans de carrière. Un record dans les annales de la télévision, paraît-il. Je me fiche pas mal du record. Mais forcément, étant donné mon rapport à la durée, cette longévité m'interpelle. Pourquoi, comment une si longue carrière ? Dans un monde où tout va et s'en va de plus en plus vite, le moment m'a semblé venu d'essayer de répondre à cette question que l'on me pose si souvent.

La célébrité

Lorsque je suis entré à la télévision en 1964, je terminais mon service militaire, j'étais un parfait inconnu. D'emblée, j'ai voulu me faire une place dans cet univers dont j'avais tout à apprendre. Alors j'observais, beaucoup, en premier lieu mes aînés. J'ai toujours préféré les gens plus âgés que moi, les anciens, ceux qui savaient ce que c'était. À Léon Zitrone, mon mentor, dont on fêtait les cinquante ans, je demandais : « Est-ce que je serai encore à la télévision à votre âge ? » Déjà, à vingt-deux ans, j'étais obsédé par l'idée de durer, moi qui jusqu'alors ne m'étais fixé sur rien. « Jeune homme, m'a-t-il répondu, pour rester, il faut se faire connaître, et ce n'est pas si simple, vous verrez. Mais si un jour on vous met à l'antenne, soyez prêt. Achetez-vous un blazer, une chemise et une cravate, et ayez-les toujours à portée de main. Peu importe ce que vous portez en bas, on est cadré serré. » Ce jour est venu plus vite que je ne l'aurais pensé. Alors que j'étais simple assistant pour *Sports dimanche*, on m'a demandé de remplacer au pied levé le journaliste titulaire qui n'était pas là, j'ai oublié pourquoi. Je devais énoncer les résultats de toutes les disciplines, le championnat de France de foot, le basket, le handball, etc., pendant pratiquement huit minutes d'antenne, autant dire une éternité, d'autant plus sans images pour les illustrer – nous manquions de moyens. L'émission passait en *prime time*, comme on ne disait pas encore, entre vingt heures vingt et vingt heures quarante-cinq. Il n'y avait alors que quatre millions de postes de télévision en France. Même pas dix pour cent de la population, même pas la moitié des habitants de la région parisienne aujourd'hui, cela peut paraître dérisoire, mais cela représentait tout de même une audience énorme car, comme il n'y avait qu'une seule chaîne, elle captait l'ensemble des téléspectateurs. Avant que j'aie le temps de gamberger, on m'a envoyé au maquillage. Tandis que Nelly Pierdet, la maquilleuse, me préparait – c'est toujours Nelly qui me maquille aujourd'hui, elle est la personne qui connaît le mieux mon visage, d'émission en émission, elle a vu chaque ride le creuser en soixante ans –, je relisais mes fiches, concentré, afin de ne pas m'emmêler les pinceaux en annonçant par exemple que Lyon avait battu Saint-Étienne – les deux grandes équipes rivales – alors que c'était l'inverse. Je ne réalisais pas vraiment que j'allais passer à l'antenne, je me répétais juste : *Heureusement que j'ai pris mon blazer !* Et puis je suis entré sur le plateau, et là, la France m'a vu pris d'une espèce de crise de Parkinson précoce tellement je tremblais. En réalité, je mourais de peur... Le prompteur n'existait pas, je ne l'ai jamais utilisé de toute façon (pas plus que l'oreillette), mais personne ne m'avait prévenu qu'il fallait poser mes fiches à plat sur la table devant moi pour les faire glisser, donc je les tenais à bras-le-corps, cadré avec les papiers à la verticale dans mes mains, et je tremblais comme une feuille, c'est le cas de le dire, on voyait les fiches trembler devant moi, on ne voyait que ça. À côté de moi, Léon Zitrone et Roger Couderc, notre Monsieur Rugby national, en vieux routiers des aléas du direct, ont tourné ma déroute en gag. « On tient la table, hein, Léon, parce que la table aussi tremble ! » Ils ont improvisé un sketch que j'ai revu plus tard – sur le moment, j'étais bien trop pétrifié pour remarquer quoi que ce soit. Au générique de fin, le standard de la rue Cognacq-Jay a été pris d'assaut : « Est-ce qu'on peut parler au petit, celui qui tremblait de tout son corps, là ? Courage, courage, il va y arriver ! »

Le lendemain matin, après une nuit blanche à me demander si j'allais être viré tout de suite ou si on me laisserait finir la semaine, je n'ai pas compris ce qui m'arrivait. J'habitais place Clichy, pour aller travailler je prenais le 80, avec la plateforme – à l'époque, il y avait encore des bus à plateforme –, qui me déposait tout près de Cognacq-Jay. Je monte dans l'autobus, au milieu des Parisiens lève-tôt somnolant sur leur journal. Ils relèvent la tête, ils me regardent et, sans se concerter, ils se mettent à faire semblant de trembler avec leur journal en me lançant : « Ça va mieux, depuis hier soir ? » Voilà mon premier contact avec la notoriété : un bide affreux. Et en même temps, tout de suite, j'ai pensé : *Tiens, on me reconnaît,* et ça m'a plu.

Huit jours plus tard, on m'envoie faire un reportage à Nice, les gens là-bas me hélaient : « Alors, le petit, ça va mieux depuis la semaine dernière ? » Tout le monde m'appelait « le petit ». Les parents de jeunes gens de mon âge se retrouvaient en moi comme les mômes de ma génération, parce que c'était la première fois qu'un gamin apparaissait à la télévision : j'avais à peine plus de vingt ans quand tous mes maîtres en avaient quinze, vingt, vingt-cinq de plus. J'ai été « le petit » pendant des années, bien avant « Michel Drucker ».

Le public s'est montré d'une très grande indulgence avec moi, il a suivi ma progression, il m'a accompagné, j'ai appris mon métier devant lui. Ce ne serait plus possible aujourd'hui, où il faut être bon tout de suite. Après cette première apparition surréaliste, je me suis dit : *Bon, maintenant, il va falloir mettre le bon nom sur le bon visage, et sur la voix*. Dans le métier de la télévision, la voix est capitale. Si on n'a pas une bonne voix, si on ne vous comprend pas distinctement, impossible de percer. La respiration, la diction, la cadence, la maîtrise du trac : une bonne voix de télé exige les mêmes qualités que l'on demande à un comédien ou une comédienne de théâtre ; il faut la travailler. Je sais que plus je suis stressé, plus je parle vite, comme si, ainsi, les mots venaient plus facilement. C'est un défaut dont j'ai dû longtemps me méfier. Mon premier investissement, dès que j'ai pu, a été l'acquisition d'un petit magnétoscope à bandes – les cassettes n'existaient pas encore. Je m'enregistrais et, une fois rentré chez moi, je me réécoutais afin de me corriger. Les vedettes médiatiques du début des années 1960 étaient avant tout des vedettes de radio, c'est-à-dire, au départ, des voix. Pierre Bellemare, Léon Zitrone, Guy Lux... tous avaient une voix qu'on identifiait aussitôt. Et derrière eux dix ans de radio. J'ai eu la chance de vivre les débuts de cette révolution qu'était la télévision, ce passage-là, des voix à des visages. Qui aurait pu imaginer alors que soixante ans plus tard on pourrait regarder des centaines et des centaines de chaînes sur son téléphone portable ?

Au service des sports, je faisais surtout ce que l'on appelait des « commentaires cabine », c'est-à-dire que nous commentions des images en « off » : les téléspectateurs nous entendaient mais ne nous voyaient pas. Je m'étais aperçu qu'il fallait m'arranger pour que le présentateur qui lançait ces sujets cite mon nom : « Vous allez maintenant retrouver Michel Drucker en direct du stade Vélodrome, à vous, Michel Drucker ! » S'il pouvait dire deux fois « Michel Drucker », au lancement et au retour plateau, c'était un bon jour.

Que les gens connaissent mon nom a pris des années, mais, petit à petit, je suis devenu un visage familier. Pendant les Jeux olympiques de 1968, je commentais les épreuves de ski de fond – discipline alors inconnue –, je prenais l'antenne à sept heures du matin. Il y avait si peu de téléspectateurs que je m'adressais à ma mère et à quelques copains : « Roger, Marcel, maman, bonjour ! » Un soir, nous rentrons avec le caméraman de Grenoble à l'Alpe-d'Huez, il fait nuit, de temps en temps la voiture ralentit et, en traversant les villages, j'aperçois des écrans allumés derrière les fenêtres des maisons, tous sur la même chaîne, forcément. À un moment, nous nous arrêtons pour prendre un café, nous entrons dans un bistrot, où passait l'émission de divertissement que je présentais – j'avais aussi commencé à mettre un pied dans les divertissements, grâce à la productrice Michèle Arnaud. Instant de vertige dont je me souviens comme si c'était hier, car c'était la première fois que je l'éprouvais : j'entre, les clients se retournent en marquant un instant d'hésitation – *Tiens, c'est bizarre, on connaît cette tête-là*. En réalité, « cette tête-là » était simultanément dans le poste qu'ils étaient en train de regarder. C'était une scène presque schizophrénique. J'avais conscience qu'il n'était pas normal d'être reconnu comme ça, que des millions de gens connaissent mon visage, et en même temps j'aimais que l'on me reconnaisse, ce signe d'affection de la part du public. Immédiatement, j'ai pris goût à cette affection, l'indulgence des gens à mon égard, leur envie de m'aider, avec mon air de gamin, bien propre sur lui, d'où l'image qui m'a poursuivi ensuite, le fils idéal, le gendre idéal.

Se faire connaître des téléspectateurs était une chose ; être remarqué des patrons, une autre paire de manches. Eux, ils n'avaient aucune idée de qui j'étais, un petit reporter sportif qui faisait aussi un peu de divertissement, un débutant. Mon copain Jacques Vendroux, petit-neveu du général de Gaulle et ancien patron des Sports de France Inter, qui a l'esprit très facétieux – on a fait les quatre cents coups ensemble –, m'a donné le tuyau : « Débrouille-toi pour qu'à tous les étages on identifie ta tête. » Alors, chaque fois qu'il y avait une réunion des patrons, je me pointais avec des cafés sur un plateau et je faisais mine de me tromper. Je frappais à la porte, j'ouvrais, je passais la tête : « Oh, excusez-moi ! », en comptant lentement jusqu'à cinq, histoire que tout le monde ait le temps de mémoriser ma bobine, et je repartais. La méthode des petits pas… Celle de Philippe Bouvard a été plus radicale. Coursier au *Figaro*, il avait découvert que le directeur adjoint de l'époque, Jean-François Brisson, allait soulager sa vessie après la conférence du matin, à onze heures invariablement, sa vessie était programmée ainsi, un véritable métronome. Pendant des semaines et des semaines, Bouvard s'est planqué derrière les toilettes de la direction et dès qu'il voyait le big boss surgir : hop, position verticale devant l'urinoir, à côté de lui. Ça n'a pas loupé, un jour Brisson remonte sa braguette et se retourne : « Je vous connais, jeune homme, non ? » « Écoutez, monsieur le directeur, réplique Bouvard sans se démonter, je vais vous dire la vérité : je viens uriner à côté de vous chaque matin depuis six mois dans l'espoir que vous me remarquiez. » Brisson était tellement sidéré qu'il est remonté dans son bureau, a convoqué le type qui s'occupait du personnel (on n'avait pas encore inventé les « responsables des ressources humaines ») et lui a ordonné : « Nous avons un môme de dix-sept ans du nom de Bouvard au service courrier, passez-le-moi à la rédaction tout de suite, ce gamin est de la graine de journaliste. » Voilà comment Bouvard a débuté. Ma tactique a pris beaucoup plus de temps, mais je ne manquais pas une occasion qu'on cite mon nom à l'antenne d'un côté, pendant que de l'autre je trouvais mille et une façons de sillonner les étages de Cognacq-Jay, les patrons, la rédac, les speakerines… Comme j'étais là tout le temps, du matin au soir, y compris le dimanche et les jours fériés, au bout d'un moment tout le monde me saluait comme si j'étais déjà quelqu'un dans la maison.

Après Jacques Vendroux, mon vieux copain Lulu, qui a quatre-vingt-douze ans aujourd'hui, m'a bien aidé à devenir un visage familier. Lulu était le photographe le plus sollicité à *France-Soir* dans la page médias show-biz. Chaque fois qu'il venait « shooter » les artistes invités dans les émissions de variétés où je travaillais, il me poussait au milieu d'eux : « Vas-y, Mimi, colle-toi à Distel, colle-toi à Sylvie, colle-toi à Dalida... Comme ça, quand le journal passera la photo, tu seras dessus, ils ne pourront pas te couper. » Et il ajoutait, de son œil exercé auquel rien n'échappait : « Non, pas là, décale-toi un peu sur la gauche, sinon tu vas te retrouver sur la pliure ! » Ces petits trucs-là, ça a l'air de détails sans importance, mais ça n'en est pas.

L'autre secret m'a été soufflé par la productrice Michèle Arnaud dès mon entretien d'embauche : « Si vous voulez gagner du temps et espérez durer, sachez tout sur tout le monde. Qui a couché avec qui, qui couche avec qui, qui couchera avec qui... » Elle m'a toisé et elle a poursuivi : « Par exemple, vous allez entendre des tas de ragots sur moi. Eh bien, si on vous dit que j'ai couché avec Mitterrand, je vous le confirme, oui, j'étais sa maîtresse. » Avant la guerre, François Mitterrand, grand séducteur comme chacun sait, même s'il n'en avait pas l'air, avait été aussi l'amant de Catherine Langeais, la speakerine star de l'ORTF, qu'il avait d'ailleurs fait engager. J'ai appliqué à la lettre les conseils de ma patronne, et j'ai même eu encore plus de chance : le flagrant délit. À force d'être à

Cognacq-Jay tous les jours, de sept heures du matin à la fermeture à minuit en compagnie du pompier de service, un soir je vois un filet de lumière sous le bureau de la direction. Je pousse la porte, et là, je trouve le patron dans une position tout sauf équivoque avec une des journalistes les plus en vue de Paris, sa jupe relevée. Tous les deux m'ont vu. Savoir qui voit qui, qui sait que vous savez… en toute discrétion, ça ne peut pas nuire.

Et puis être bien informé crée une forme de complicité – l'autre nom des réseaux. Mes copains, mais également les collègues plus âgés que moi et pour certains très célèbres, avaient découvert que mon petit appartement de célibataire de la place Clichy faisait une parfaite garçonnière. Ils se sont mis à me demander de le leur prêter pour leurs cinq-à-sept. Le premier voulait le mardi, le deuxième le mercredi, le troisième le vendredi en fin d'après-midi… En quelques semaines, mon agenda était surbooké ! Jusqu'au jour où le grand patron me convoque, en pleine conférence de rédaction : « Drucker, quand nous aurons terminé, vous monterez dans mon bureau, je veux vous parler. » Tout le monde m'a dévisagé : le plus jeune de la rédac, qu'est-ce que le grand patron peut avoir à lui dire ? Moi, j'étais dans mes petits souliers, content qu'il retienne enfin mon nom, mais persuadé qu'il allait me flanquer à la porte. Eh bien, pas du tout. Il est allé droit au but : « Écoutez, Drucker, j'ai appris par la rumeur que vous viviez seul dans un studio très commode. Pour moi, ce sera le vendredi à dix-sept heures. » J'ai bredouillé : « Bien sûr, monsieur le directeur », avant de filer expliquer au copain qui occupait ce créneau que le vendredi en fin d'après-midi n'était plus libre, évidemment en me gardant bien de lui révéler pourquoi. Ce petit trafic n'a pas duré si longtemps, certains ont cessé de venir parce que ma garçonnière était perchée au huitième sans ascenseur, d'autres avaient peur qu'on les prenne la main dans le sac avec leur *date* du moment au bras à la sortie du métro Place-Clichy. Ils étaient déjà un peu connus. Et puis je n'avais plus de vie, ça me perturbait complètement, je finissais par ne plus pouvoir mettre un pied chez moi ! N'empêche, la plupart de ces personnes, je les ai retrouvées plus tard, entre-temps elles avaient pris du galon, et mine de rien, avec le recul, ce genre d'anecdote fait également partie de la construction d'une carrière.

Mais il ne s'agit pas que de connaître les petits secrets de chacun. Il faut aussi comprendre qui a le pouvoir, et savoir rester à sa place. Pendant longtemps – c'est moins vrai à présent –, les artistes étaient persuadés que graviter dans la lumière du pouvoir en place leur ferait gagner des points. C'était sûrement déjà comme ça à Versailles... Quelle erreur ! Cela ne leur a rien rapporté. Une règle d'or : ne jamais trop s'approcher de la lumière, ne jamais trop s'approcher du roi, même si le roi vous aime bien. Comme Enrico Macias à la Concorde, le soir de la victoire de Nicolas Sarkozy en 2007, chantant à tue-tête, de tout son cœur : « Ah qu'elles sont jolies les filles de Sarkozy ! » Ces artistes pensaient que le roi leur renverrait l'ascenseur. Mais non. Le roi empoche, parce que c'est toujours bien d'avoir un saltimbanque qui roule pour lui et appelle à voter pour lui, mais après c'est fini. Tout s'efface. Côtoyer le pouvoir n'offre aucune garantie. Je m'en suis rendu compte très vite, quand nous avons tous été virés après Mai 68, sous de Gaulle, pour avoir fait grève. Léon Zitrone, le monstre sacré, comme moi, le petit assistant. J'ai écrit un roman là-dessus, *La Chaîne*[1], il y a quarante-cinq ans, preuve que le sujet me turlupinait déjà. Dans son adaptation pour la télévision, Jean Carmet y incarnait Muller alias Zitrone, et Florent Pagny jouait mon rôle de stagiaire, une de ses premières apparitions. Victor Muller avait fait grève par solidarité, alors que c'était une star immense, il avait été licencié, et il était tellement malheureux d'être privé de sa drogue, la télé, qu'il prenait en otage la tour Eiffel. Il haranguait le public en hurlant : « Si je ne suis pas réintégré, je fais sauter la tour ! » C'était une parabole de ceux qui avaient goûté aux délices de la notoriété et qui ont été flingués en plein vol. Couve de Murville, le Premier ministre qui a succédé à Pompidou après les événements, avait dressé la liste des grévistes bannis, et de Gaulle lui-même l'a arbitrée. Certains ne s'en sont jamais remis. Ils sont revenus, un peu, par le biais de la radio, mais leur carrière de journaliste à la télévision a été stoppée. Un accident de parcours de ce type, il vaut mieux l'avoir jeune, ça fait grandir d'un coup, on gagne en lucidité pour la suite. Et la lucidité, c'est une autre clef de la durée. À quarante, quarante-cinq ans, c'est trop tard, on ne revient plus. À vingt-cinq ans, mon âge en 1968, on a encore une chance. Les conséquences de Mai 68 à la télé m'ont permis de mesurer très tôt la précarité absolue de ce métier, comment on peut vite perdre pied quand on vous

1. Publié chez Jean-Claude Lattès en 1979.

« débranche », le vide qui s'ensuit, les nouvelles têtes qui arrivent et vous remplacent. C'est comme une nappe de brouillard, le vedettariat, on est là, sur la route, le brouillard se lève et subitement il n'y a plus personne. C'est du sable qui glisse entre les doigts. Je ne l'ai jamais oublié.

J'ai vite compris également qu'il ne faut pas confondre notoriété et popularité. On peut être immensément connu, c'est la notoriété, et pas du tout populaire. Belmondo et Delon en incarnent le meilleur exemple. Lors de mes déjeuners, très réguliers, avec Jean-Paul, les gens venaient nous voir, ils l'appelaient « Bébel », commençaient à lui parler. Et lui prenait le temps de répondre, de discuter, jamais agacé, sympa avec tout le monde. Éminemment populaire. Avec Delon, les gens n'osaient pas s'approcher. Annie Girardot, on l'abordait, on la saluait par son prénom ; Catherine Deneuve, on n'ose pas. Cette attitude du public souligne la différence fondamentale entre les stars inaccessibles, qui intimident, et les stars populaires : celles-ci sont d'autant plus aimées qu'on peut leur montrer qu'on les aime.

Et puis il y a les mythes. Des artistes qui ont acquis une telle affection du public en traçant leur sillon qu'ils sont devenus intouchables. On ne touche pas à Piaf depuis *L'Hymne à l'amour*. Même Johnny le chantait à la fin de ses galas. On ne touche pas à Johnny, évidemment. Ni à Line Renaud. Line Renaud, quatre-vingt-seize ans, est une de nos dernières icônes. Au-delà de nos gloires nationales, on ne touche pas à Chaplin, à Brando, à John Wayne… Tous ont fait de très longs parcours, car à moins de mourir dans la fleur de l'âge, comme Marilyn ou James Dean, il est rare d'entrer dans la légende très jeune. Les contre-exemples se comptent sur les doigts d'une main, Leonardo DiCaprio, Brad Pitt ou Tom Cruise, qui sont des vedettes planétaires.

Mais pour les autres, être populaire ne suffit pas. Être aimé, très aimé, connu, très connu, bien faire son job, ce n'est pas assez. Bâtir une vraie carrière suppose de savoir toucher le grand public, mais aussi les élites. Regardez les plus longues carrières au cinéma : à quelques exceptions près, ils ont les deux cordes à leur arc. Si l'on prend les filmographies de Belmondo et de Delon, Belmondo a commencé par Godard, il n'a pas fait *Le Guignolo* tout de suite. Et *À bout de souffle* a marqué l'histoire du cinéma. Delon a tourné avec Visconti avant d'enchaîner les policiers, et *Le Guépard* aussi a marqué l'histoire du cinéma. Depardieu a joué dans des films très populaires comme *La Chèvre* de Francis Veber, mais il a débuté dans *Les Valseuses* de Bertrand Blier, tourné nombre de films d'auteur extrêmement ambitieux et chanté Barbara. Il le résumait ainsi : « Je fais un film pour *Télérama* et *Le Nouvel Obs* et un autre pour *Paris Match.* » Aller des élites au grand public est plus facile que l'inverse, bien que le cinéma de Truffaut ou de Melville ait tiré vers le haut beaucoup de comédiens qui étaient plutôt des acteurs de Verneuil, de Lautner.

Vient un stade où on ne peut pas se cantonner à plaire au public. Car un jour, le public s'en va. C'est comme en politique : il n'y a pas plus infidèle que les électeurs. Le public aussi peut être volatil. Parce qu'une nouvelle tête émerge, plus jeune, plus performante ; parce qu'on a fait une mauvaise émission, parce qu'on lasse, parce qu'on est moins « dans le coup »… Le jour où le public s'éloigne, se détourne, si on n'est pas adoubé par les élites, il ne reste pas grand-chose. Michèle Arnaud – toujours elle ! – m'avait averti : « Gardez le contact avec le monde politique, avec la presse écrite, gardez le contact avec les plus durs. Il faudra un jour que *L'Observateur*, *L'Express* s'intéressent à vous, que vous ayez un papier dans *Le Monde.* » Elle avait raison. À un moment ou à un autre, ces journaux-là sont un passage obligé. Or, lorsque l'on est une personnalité estampillée « grand public », l'obtenir est plus compliqué. J'ai été ignoré pendant quarante ans par cette presse, celle qui tire vers le haut. Je commençais à trouver le temps long, c'est pour ça que quand *Libération*, *Le Monde*, *L'Obs*, *Télérama* sont arrivés, j'étais content et en même temps frustré : j'aurais voulu offrir ce plaisir à ma mère, et ma mère n'était plus là. Sa bible, c'était *Le Nouvel Obs* de Jean Daniel et *Le Monde* d'André Fontaine, de Jacques Fauvet. Et elle trouvait anormal qu'on ne parle pas de son fils dans ses journaux préférés. C'était son petit côté snob… Les vedettes populaires sont regardées avec beaucoup de mépris par l'intelligentsia, et ma mère ne jurait que par l'intelligentsia. Or on ne peut pas y couper : c'est elle qui fait et défait les réputations, la fameuse image, et l'image, comme mon frère Jean me l'a appris, est l'audience de demain.

Car le véritable enjeu de la notoriété, même si on prétend ne pas y penser, c'est de durer. Le dur désir de durer… Dès qu'on commence à avoir du succès, on a cette angoisse. Tous les chanteurs vous diront qu'ils préfèrent vendre cinquante mille albums pendant cinquante ans plutôt qu'un million d'albums une seule saison. Il n'y a pas plus redoutable que faire le tube d'un seul été, être la vedette de deux films et disparaître : on tombe du train et on ne sait pas si on y remontera. Gabin était immensément populaire quand il est parti aux États-Unis pendant la guerre, comme beaucoup d'acteurs. Lorsqu'il est revenu, il avait les cheveux blancs, il a dû recommencer de zéro. Mais un come-back comme celui-là est rarissime. En général, le train ne vous attend pas. Ceux qui mettent du temps à s'imposer bâtissent peut-être quelque chose de plus solide. Des acteurs comme Jean Carmet, Philippe Noiret, Jean Rochefort... ont tracé leur sillon en n'étant que des seconds rôles durant des années, des grands seconds rôles, certes, avant de devenir des têtes d'affiche, durablement inscrits dans le cœur du public. Louis de Funès, lui, est une exception. L'inoubliable de Funès de *La Grande Vadrouille*, des *Aventures de Rabbi Jacob* ou du *Gendarme de Saint-Tropez* est devenu célèbre à cinquante ans seulement, après des années de galère. Maintenant, il existe un musée de Funès, dans le Midi. Tout le monde a oublié qu'avant la gloire il a joué une centaine de rôles où il ouvrait une porte, il fermait une porte. Le soir, il était pianiste de bar et dînait des restes dans l'arrière-cuisine. Lorsqu'il rentrait chez lui, à l'aube, son voisin du dessous, menuisier, ouvrait son atelier. C'était ça, la vie de De Funès, avant de devenir l'un des acteurs les plus populaires de France. D'ailleurs, il est mort jeune et épuisé. Pour certains, la célébrité est arrivée très tard. Trop tard. Ils n'en ont bénéficié qu'une dizaine, une quinzaine d'années. C'est déjà pas mal, me direz-vous.

Et puis il y a ceux dont la carrière s'est arrêtée parce que leur vie privée a volé en éclats. Le succès est un redoutable accélérateur d'explosion des couples. Très peu de couples durent dans ces métiers. Très, très peu. On ne compte pas le nombre d'acteurs ou de chanteurs dont la célébrité a marqué la fin de leur première vie. Combien ai-je vu de carrières se détruire car la vie privée déraillait... De fait, impossible de tenir la route si on n'est pas bétonné, si on n'a pas autour de soi un château fort. Vos plus proches, qui vous rassurent, vous protègent, vous conseillent, qui vous aiment et gardent la tête froide. Si j'avais pris la grosse tête ne serait-ce qu'une heure dans ma vie, ma femme, qui a connu les aléas de ce milieu avant moi, m'aurait aussitôt recadré. Le danger vient avec la griserie du succès, ce passage où on a l'impression que le monde vous appartient et que ça va durer toujours. Personnellement, je ne l'ai jamais éprouvée, je suis bien trop anxieux pour ça. Et puis il faut rester lucide, la plupart des gens célèbres n'intéressaient personne quand ils étaient des inconnus. La célébrité, avec ce qu'elle apporte, ça rend beau, mais en réalité c'est un mirage.

Quant à la beauté... dans ces métiers, le couperet du physique est terrible. Certains vieillissent mieux que d'autres. Pour un Delon ou un Redford, des mecs magnifiques, combien pour qui c'est plus difficile ? Lorsque Belmondo a été viré du Conservatoire, Pierre Dux, administrateur de la Comédie-Française, lui avait prédit :

« Avec la gueule que vous avez, vous serez un comique troupier, vous ne serrerez jamais une jolie femme dans vos bras ! » Les années passent, Jean-Paul devient une énorme star. Un après-midi, il croise Pierre Dux sur les Champs-Élysées. « Bonjour, monsieur l'administrateur, lui dit Bébel, excusez-moi, j'ai fait ce que j'ai pu », et il lui présente Ursula Andress !

Même si, comme dans tout métier d'image, le physique compte, c'est l'une des rares différences entre les gens de télévision et les artistes : les personnalités qui ont marqué la télé, hommes comme femmes, n'avaient pas spécialement des physiques de séducteurs. C'est peut-être moins le cas maintenant, comme nombre d'animateurs et animatrices des émissions des chaînes info.

J'avais été choqué, à l'occasion des cinquante ans de *Paris Match*, où je m'étais immergé pendant trois mois au sein de la rédaction du journal, par la manière dont ils choisissaient les unes, dont ils sélectionnaient les photos. « Celle-là, non, trop retouchée, celui-là, non, trop vieux, et puis il est complètement ringard… » La manière dont les personnalités publiques sont jugées par ceux qui ont leur destin médiatique en main est très rude. Et quand ces personnalités sont des femmes, l'injustice est encore plus flagrante, les femmes et les hommes n'étant pas égaux devant l'âge, au cinéma comme dans la chanson. Nana Mouskouri continue de chanter à quatre-vingt-dix ans ; c'est rare, parce que la voix décline en vieillissant. Outre le physique, la grande difficulté d'un chanteur ou d'un acteur, comme dans les médias, c'est la voix, comment garder la voix.

On ne peut jamais savoir au départ si on va « imprimer » grâce à son physique ou à sa voix. Au cinéma comme à la télévision, la présence reste un mystère. On peut se balader dans la rue et passer totalement inaperçu alors qu'on est très célèbre. Romy Schneider pouvait aller faire ses courses tranquillement, personne ne l'arrêtait. Et sitôt qu'elle apparaissait à l'écran, elle était magique. Instantanément magique. Ce charisme, impossible de l'anticiper. Tant que l'on ne s'est pas vu sur un écran, tant que l'on ne s'est pas entendu, on ne peut pas savoir. Les présences immédiates, magnétiques, restent l'exception. Dès que Johnny, pourtant très mutique, très timide, entrait quelque part, tout le monde se retournait. Il pouvait être crevé, pas rasé, ne pas avoir dormi de la nuit, il attirait tous les regards comme un aimant. Idem pour Deneuve ou pour Delon. Avez-vous remarqué, parmi tous les hommages qui ont été rendus à ce dernier à sa mort, il y a quelques mois, combien ce magnétisme, cette forme de mystère qu'incarnait son incroyable beauté ressort ? Outre son immense carrière, Delon restera cela pour le public : la beauté du diable, éternelle. Pour moi, Alain incarne autre chose : la fidélité, cette vertu rare de l'amitié. Nous nous sommes connus sur les tournages de Jean-Pierre Melville – certains de ses plus grands rôles –, grâce à mon copain Rémy Grumbach. Melville, qui ne vivait que pour le cinéma, est mort couvert de dettes, à la suite de l'incendie de ses studios, les studios Jenner, dans le XIIIe arrondissement. Quatre, cinq ans après son décès, je croise Florence, sa veuve. « C'est dur, m'explique-t-elle, heureusement Alain est là.

Chaque mois, depuis la disparition de Jean-Pierre, il m'envoie un chèque. » Alain aimait également beaucoup mon frère Jean, ils se croisaient souvent dans le quartier de la rue Marbeuf où Jean habitait et où Delon a eu un temps sa maison de production. Les trois mois qui ont suivi la mort de Jean, si brusque, Alain m'a appelé chaque semaine à minuit pour savoir si je dormais. Des années auparavant, la veille des César que je présentais, j'ai fait une crise de colique néphrétique. C'est atrocement douloureux, je ne le souhaite à personne. À peine arrivé à l'hôpital, j'ai reçu un coup de fil d'Alain. Comment avait-il su que j'étais là ? Mystère. Quand Alain vous donnait son amitié, c'était pour la vie. Ce n'est un secret pour personne qu'il était fasciné par les mauvais garçons. Plusieurs de ses copains ont été incarcérés. Toute star qu'il fût, il ne les lâchait pas, il allait leur rendre visite au parloir. C'était ça, Delon. Une fidélité totale, entière.

Avec l'expérience, on apprend à détecter qui est qui. Le vrai du faux. Les imposteurs, on les démasque assez rapidement, avec cette petite satisfaction, amusante, que les intéressés ne s'en doutent pas. Mettre des gens dans la lumière, contribuer à remplir une salle de théâtre ou de cinéma, c'est un vrai pouvoir, certes, mais qui fausse un peu le problème. Car si d'un inconnu on peut faire quelqu'un de connu en quelques émissions, ce n'est pas pour cela qu'il fera carrière ; on lui fait sans doute gagner du temps, mais ça ne présage en rien de sa longévité. N'importe qui peut retourner dans l'ombre aussi vite. Je l'ai expérimenté quand j'ai été viré après les événements de Mai 68. Mon téléphone a arrêté de sonner. J'avais fait grève avec tout le monde, parce que nous estimions que nous étions opprimés, et de Gaulle nous a virés parce qu'il n'a pas supporté que « sa » télévision se mette en grève. Nous, comme des andouilles, on se prenait pour le Che, on suivait Dany Cohn-Bendit en criant : « Libérez l'ORTF ! » Ce n'était pas non plus les pays de l'Est, le pouvoir gaullien, d'ailleurs, ils nous ont libérés très tôt... Je défilais de Bastille à République avec Georges Séguy, Georges Marchais, Henri Krasucki, avec les grands syndicalistes de l'époque, et avec tous les artistes engagés à gauche, convaincu que je faisais la révolution. Quand j'ai été mis à la porte, mon père, catastrophé, ne m'a pas loupé : « Dis-moi, je ne savais pas que Claude François était politiquement engagé. Je ne savais pas que Sheila et Johnny étaient à ce point politisés. Pourquoi es-tu allé te mettre dans ce bourbier ? » « Eh bien, papa, parce que je n'ai pas voulu être un jaune. » J'ai suivi le mouvement, j'étais solidaire des grévistes, c'était la moindre des choses. Heureusement que j'avais déjà un pied dans le monde du divertissement, grâce à Michèle Arnaud. Productrice influente, ex-maîtresse de Mitterrand, elle était également la voisine des Pompidou à Orvilliers, à côté de Paris. Elle croisait l'ancien Premier ministre et futur président de la République toutes les semaines. C'est par elle que je suis revenu. Elle a réussi à faire valoir que c'était le journaliste sportif qui avait été sanctionné, pas l'animateur de variétés. Donc je ne suis resté tricard que durant une petite année – même si elle m'a paru bien longue. On ne fait pas carrière sans ces hasards de la vie, la chance, les gens sur votre route qui vous « boostent », voilà pourquoi j'ai toujours été reconnaissant envers cette femme. C'est grâce à elle que j'ai pu me lancer dans le divertissement, grâce à elle si j'ai rencontré les intellos de l'époque et les artistes, Vasarely qui avait signé la façade historique de RTL, ce peintre pianiste de bar qui s'appelait encore « Ginzburg » et qui était Serge, Birkin, Polnareff qui faisait la manche sur les marches du Sacré-Cœur… J'ai eu la chance qu'elle me repère au tout début de l'année 1966. Pour clore la saison des fêtes, l'ORTF avait imaginé ce qui constituait à l'époque une véritable prouesse technique : retransmettre en direct d'un DC-8 de la compagnie UTA effectuant un vol Marseille-Paris l'émission *Tête de bois* d'Albert Raisner. L'avion avait été spécialement aménagé pour cette première émission « en plein ciel ». Le matériel technique et la régie étaient installés à l'avant de l'appareil, tandis que la cabine était transformée pour moitié en scène de music-hall avec orchestre et pour l'autre moitié en cabines passagers. Y chantaient Fernandel, Dalida, Hugues Aufray, Cloclo, Dick Rivers, Frank Alamo… Au sol, casquette de marin sur la tête, face aux bourrasques de la terrasse du Bourget, j'avais pour mission de commenter en direct la descente des artistes qu'on avait vus embarquer à Marignane. Soudain, j'entends : « À vous, Michel Drucker ! » Je me lance, tétanisé : devant moi, aucun avion ne s'était posé, il n'y avait personne, pas le moindre chanteur ! Mais le caméraman me fait signe de continuer. Évidemment, je n'avais aucun texte, j'ai dû improviser. Il y a un vent terrible, je retiens ma casquette d'une main et je meuble, je meuble comme je peux… toujours pas d'avion. Au bout de six minutes, le caméraman me dit : « Stop ! C'est fini ! » La régie venait de lui apprendre que l'avion s'était posé dix minutes plus tôt… sur une autre piste, car le vent avait tourné. Ce dimanche-là, Michèle Arnaud était devant son poste. Et elle a voulu rencontrer ce gamin de même pas vingt-cinq ans, capable de meubler tout seul en direct, sans aucune consigne, pendant six minutes – six minutes, à la télé, c'est une éternité. Voilà comment j'ai débuté dans le divertissement. Pourtant, cette femme était une teigne ; quand elle m'a engagé elle m'a scanné de haut en bas, lèvres pincées, et a lâché un lapidaire : « Vous faites terriblement province, il va falloir vous relooker complètement. » Elle me recadrait devant tout le monde, les techniciens en régie, les chanteurs invités : « Dites donc, Drucker, on va refaire Hugues Aufray, vous ne présentez pas les résultats du championnat de France, ici, il faudrait que vous le compreniez. » On l'a refait six fois, dix fois. Et la dixième fois, elle m'a lancé : « Rappelez-moi de vous offrir un dictionnaire des synonymes pour Noël, vous manquez de vocabulaire. » Elle m'en a fait baver des ronds de chapeau, mais elle m'a appris le métier, avec ce fil rouge si précieux : « Ayez pour spécialité de ne pas en avoir », et elle m'a présenté tout le monde. Après, il faut savoir faire fructifier ses rencontres. Comme me l'a dit un jour ma présidente, Delphine Ernotte, « le seul concours qu'il ne faut jamais rater dans la vie, c'est le concours de circonstances ». On retombe sur l'importance des réseaux…

Pour les proches, la famille, les amis d'enfance, tous ceux qui vous ont connu avant et qui ne sont pas de ce monde de paillettes, la notoriété n'est jamais simple à vivre. Au début, mes parents éprouvaient surtout de l'inquiétude. Comme je n'avais pas de diplôme, pas de culture et que je démarrais de très, très bas, je savais, sans qu'ils aient besoin de me le dire, qu'ils redoutaient que l'on découvre mon manque de « bagage » – expression de ma mère. C'était son obsession, vis-à-vis de tout le monde. Si elle me parlait d'un artiste que j'interviewais, elle demandait invariablement : « Qu'est-ce qu'il a comme bagage ? » « Il a un sac de sport, maman. Non, dans son sac il n'y a pas hypokhâgne, khâgne, Normale Sup, ni Polytechnique, l'ENA ou HEC… » « Ah bon, il n'a pas fait d'études ? » « Ben non. » Je pense que mes parents ont fini par ressentir de la fierté, aussi, même si leur inquiétude originelle ne les a jamais complètement quittés. Mes deux frères étaient sur un autre créneau, chacun hyper-brillant dans son domaine. Mon cadet, Jacques, le père de mes nièces Léa, Eva et Camille, interne des hôpitaux, est devenu épidémiologiste de talent, professeur de santé publique, co-inventeur du vaccin contre l'hépatite B ; mon aîné, Jean, le père de Marie, énarque, haut fonctionnaire. Donc il ne s'est posé aucune question de rivalité entre nous trois, même lorsque Jean m'a rejoint plus tard, quand il est devenu patron de média, ce qui fut un immense bonheur, malheureusement de trop courte durée. J'ai eu de la chance ; dans les fratries, parfois, c'est plus compliqué.

Quant aux enfants… Comment les enfants vivent-ils la célébrité de leurs parents ? Être le fils ou la fille de… Être l'enfant de Bardot ou de Delon, c'est écrasant. Ce n'est jamais évident de se faire un prénom quand on porte un nom connu. Même s'il y a quelques réussites magnifiques, des dynasties. Claude Brasseur, le fils de Pierre Brasseur. Jane Birkin – dont le père était un héros de la Résistance et la mère une légende du théâtre en Angleterre – et ses filles.

Inévitablement, la célébrité bouscule les équilibres, impacte les relations d'avant. Parce qu'on ne vit plus sur la même échelle, à aucun niveau. Quand il a commencé à gagner des fortunes avec le raz de marée de *Bienvenue chez les Chtis*, je me souviens de Dany Boon me rapportant ces propos de sa mère : « Dany, pas de bêtises, tu ne changes pas ta Laguna ! » À un moment donné, c'est tellement énorme, comment expliquer ça ? Aujourd'hui, pour la nouvelle génération des artistes venus de la banlieue, qui ont tous réussi brillamment, les rappeurs, les comédiens, les humoristes, l'écart me semble encore plus violent, parce qu'eux savent ce que sont les fins de mois difficiles. C'est particulièrement touchant : dans la plupart des cas la première chose à laquelle ils pensent lorsqu'ils commencent à avoir du succès, c'est à associer la famille à leur réussite. Le problème, c'est que si certains prennent très bien cette volonté de les mettre à l'abri du besoin jusqu'à la fin de leurs jours, quand ils sont encore là, d'autres pas du tout.

Au-delà du cercle familial, il y a les réflexions des anciens copains d'école, qui se sentent mis à l'écart. « J'étais en classe avec lui, maintenant il a pris la grosse tête. » Non, il n'a pas pris la grosse tête. En réalité, ce n'est pas celle ou celui qui est devenu célèbre qui a changé, mais le regard que les autres portent sur elle ou lui. « On ne peut plus lui parler. » Ce n'est pas qu'on ne peut plus lui parler, c'est que le jour où on devient une vedette, quel que soit le domaine, eh bien, on change de vie, radicalement, ce que ne comprennent pas les gens qui vous ont connu inconnu. On n'a plus le temps de voir ses copains d'enfance, parce qu'on travaille sans arrêt, alors qu'eux pensent que c'est facile. « Ça va, tu t'amuses bien à la télé ? » Oui, je m'amuse bien, mais ce n'est pas un jeu, c'est du boulot, des années de boulot. Rien ne tombe du ciel. Et puis, les amis de la vie d'avant ont pris d'autres voies, ils ont réussi différemment, on s'est éloignés. Cela dit, il est important de veiller à ce que le fil ne soit jamais coupé complètement. C'est mon cas, j'ai gardé un copain de toujours, Jean-Pierre, qui vit en Normandie, à Caen ; nous nous voyons peu mais nous nous appelons.

De toute façon, c'est très troublant, pour l'entourage, cette question de notoriété. Il n'y a rien de naturel à être abordé par des inconnus alors qu'on est au restaurant en famille. Chacun a droit à son intimité, même une star. Or Johnny ne pouvait pas aller au restaurant tranquillement, Catherine Deneuve non plus, Adjani non plus, Belmondo non plus (encore que Jean-Paul, ça l'amusait assez, parce que, comme je l'ai dit, il aimait bavarder avec tout le monde). La disponibilité envers le public prend beaucoup d'énergie, même si elle est incontournable. Entre les artistes qui, une fois le spectacle terminé, restent une heure dans le froid, à Mourmelon ou à Béziers, pour signer des autographes dans la nuit aux fans qui les attendent, comme Salvatore Adamo ou Michèle Torr, et ceux qui, sous les applaudissements des mêmes fans, plongent directement dans leur voiture et s'en vont sans un regard, il n'y a pas le même respect du public. Ce qui finit par se savoir.

Être un personnage public sur le long terme, et ça vaut également pour les politiques, suppose de cocher beaucoup de cases. Se faire connaître ; une fois qu'on s'est fait connaître, rester ; réussir sa vie personnelle, ne pas se tromper de partenaire, construire une digue autour de soi ; bien vieillir en espérant, et je sais de quoi je parle, ne pas avoir un pépin de santé. Et puis il faut avoir l'affection du public, c'est essentiel, l'estime de ses pairs et le respect des médias. Tout cela réuni... ne pas oublier d'où l'on vient – la vraie boussole. Aznavour me le répétait souvent : « Michel, n'oubliez jamais d'où vous venez. » Ce qui est une gageure, parce que la popularité, le vedettariat, la notoriété, apportent une cohorte d'avantages. Notamment un confort qui fait perdre de vue qu'on n'a pas toujours vécu ça, qu'on n'a pas toujours été ce type devant qui toutes les portes s'ouvrent. Surtout lorsque ça marche fort et qu'on gagne beaucoup d'argent ; c'était moins le cas il y a trente ou quarante ans, mais maintenant les acteurs et les chanteurs stars sont aussi producteurs, comme certaines vedettes de la télévision d'aujourd'hui qui ont construit des empires. Donc il faut veiller au grain : on s'habitue à ces privilèges, et il ne faut pas trop s'y habituer car le jour où ça s'arrête, on peut tomber dans l'aigreur.

On a beau veiller au grain, au fil des années on réalise

combien on a pris goût à cette notoriété, aux avantages qu'elle procure. Vous allez n'importe où, on vous trouve une table, une place au troisième rang à l'Olympia, au premier rang à l'Opéra Bastille – quand ça marche – ; quand ça ne marche plus, vous êtes relégué au huitième, neuvième, dixième rang, puis au balcon, puis un jour vous ne recevez plus d'invitation. Tous, artistes, saltimbanques, gens de télévision, on devient accros à ça. Et les politiques, n'en parlons pas. Ils ne l'avoueront jamais, mais ils n'ont pas pire angoisse que de retomber dans l'anonymat. Quand on a goûté à une forme de popularité, à cette chimie si particulière du rapport avec le public, parce que, au fond, c'est ça, « Aimez-moi, je vais chanter, mais aimez-moi », on n'a qu'une hantise : la perdre. Mais c'est un édifice incroyablement fragile car il repose sur le désir des autres. Donc on doit en permanence tout faire pour continuer à susciter ce désir. C'est à la fois une gamberge constante et un challenge de marathonien. Qui exigent un mental très fort, une mémoire d'éléphant, une santé de fer, l'art de la gratitude et de la reconnaissance, à savoir ne rien oublier de ceux qui nous ont aidés, et le goût de transmettre, de faire soi-même ce que d'autres ont fait pour nous à nos débuts : mettre des jeunes dans la lumière. Mais pour cela il faut engranger des années, des années, des années.

Durer n'inclut pas seulement un élément quantitatif, durer ne peut pas s'inscrire sans élément qualitatif. Le jour où Michel Onfray est venu me voir sur scène et a écrit ensuite un papier très élogieux dans *VSD* et *Paris Match*, cela a été extrêmement important pour moi. Mon émission avec Simone de Beauvoir, il y a très longtemps, aussi. Ou encore l'émission spéciale avec Hergé, le père de Tintin. Parce que tout cela ressortira un jour. La télévision garde tout. Grâce à elle, un acteur n'est jamais vraiment oublié. Il suffit de voir les audiences des diffusions des films de Bourvil des années après sa disparition. Ou celles des chaînes spécialisées, quand elles repassent un Rochefort. Idem pour Belmondo, pour Annie Girardot, idem pour tous ces acteurs que l'on a tant aimés. La télévision, cette usine à images qui restent, grâce aux si précieuses archives de l'INA, permet que l'on ne meure jamais vraiment. Je trouve cela plutôt réconfortant.

Laisser une trace, voilà ce que permet la célébrité, son seul intérêt, au fond. Une chanson, deux chansons, trois chansons, un film, un livre… Quelque chose dans le cœur des gens. C'est la chose la plus difficile, laisser une trace.

Peut-être encore plus aujourd'hui, dans notre monde, le monde des réseaux sociaux, des chaînes de télé par centaines, un monde où il est beaucoup plus ardu d'être une vraie star… Aujourd'hui, on devient une vedette sur TikTok ou Instagram en un claquement de doigts. Célèbre et riche très vite, très jeune. Dans le sport, le foot en particulier, où des mômes d'à peine vingt ans sont transférés pour des sommes ahurissantes dans les plus grands clubs européens, ça a pris des proportions folles, même en tenant compte de la brièveté d'une carrière de sportif professionnel. À vingt-cinq ans, Mbappé passe presque pour un ancien, avec tous ceux d'à peine dix-huit ans qui poussent derrière lui. Et encore, les sportifs d'exception marquent leur temps et la mémoire collective. Mais les influenceurs, les vedettes de la téléréalité, qu'en restera-t-il ? Tout va si vite. Trop vite... Trop d'images, trop de tweets, de réseaux sociaux, de petites phrases. Et une petite phrase, une méchanceté, une délation, une malveillance, chasse la précédente. Ce qui était vrai le lundi matin ne l'est plus le lundi soir. J'ai du mal avec les réseaux sociaux. Heureusement qu'ils n'existaient pas sous l'Occupation... En même temps, je reconnais que c'est grâce à eux si la révolution des jeunes en Tunisie ou en Iran a pu émerger aux yeux du monde entier. Et que, pendant le confinement, ils ont constitué un terreau de création, d'imagination épatant.

On vit une époque de changement phénoménal. Tout file tellement, tellement vite. On zappe, on zappe. Quand je vois la multiplication des chaînes, sans compter leurs plateformes... on ne sait plus quoi regarder, tellement on a de choix. La télévision linéaire, les grandes chaînes auxquelles j'appartiens sont en train de glisser, doucement. Je suis lucide, je sais que je ne suis encore là que parce que je m'adresse à un public de seniors qui continue de regarder la télé avec ses réflexes d'avant. J'incarne une époque révolue, où les choses se construisaient sur le temps. On n'a plus le temps, on ne peut plus « donner du temps au temps », selon cette expression attribuée à François Mitterrand qui m'est si chère.

J'y vois aussi une forme de cynisme, peut-être de désespérance. Il me semble que les jeunes gens ne se font aucune illusion sur l'avenir. Qu'ils se disent : profitons-en au maximum, car ça ne durera pas. La planète va exploser, il y aura une bombe atomique, on va connaître la fin du monde.

J'ai fait le plus dur maintenant, si j'ose dire, à mon âge avancé, mais si, du jour au lendemain, je n'avais plus de regards, de saluts, de gestes chaleureux – si je perdais l'affection du public, ce serait sûrement douloureux. Aujourd'hui, ce qui me fait le plus plaisir, c'est quand on dit que je suis à l'antenne comme je suis dans la vie. C'est-à-dire qu'il n'y a pas de barrière, je ne joue pas un rôle. La trace que j'aimerais laisser, si je pouvais choisir, c'est que j'ai aimé les gens, profondément. Que les gens m'ont beaucoup aimé et que je le leur ai bien rendu. Voilà ce qui compte à mes yeux, être aimé, mais également renvoyer cette émotion et cette sensibilité. Je voudrais qu'on se souvienne que j'ai eu le goût des autres, et un rapport extrêmement particulier avec tout un pays sur plus de soixante ans. Finalement, que j'ai été populaire, au sens le plus noble du terme, en procurant de l'émotion ou de la joie. Mon rêve était d'être médecin, médecin de famille, médecin de campagne, comme mon père, et au bout du compte, d'une certaine manière je l'ai été. Même lui, qui ne jurait que par l'ENA, Normale Sup, l'agrégation ou l'internat des hôpitaux, à la rigueur préfet ou sous-préfet, a fini par le reconnaître. Quand, rendant visite à ses patients à l'hôpital de Vire, il voyait ma tête en couverture d'un magazine sur la table de nuit d'une dame qui avait été opérée la veille, et que la dame lui disait : « Ah docteur, je regarde tout le temps votre fils, et vous savez, c'est aussi mon médecin, votre fils, car il me fait beaucoup de bien », je crois qu'il comprenait. À la fin de sa vie, mon père disait : « Michel est un médecin des âmes. »

Au fil des décennies, j'ai accompagné trois générations de Français. Ceux qui m'ont connu dans les années 1965-1970, quand je commentais les matchs de Coupe du monde et que Pelé était mon copain. Puis ceux qui m'ont connu avec les *Rendez-vous du dimanche* – déjà le dimanche… –, et RTL, dans les années 1975. Ceux qui sont nés avec Europe 1 et *Champs-Élysées* dans les années 1980, et ceux qui sont nés avec *Vivement dimanche* au tout début des années 2000. Je termine la vingt-cinquième saison de *Vivement dimanche* et ma soixantième année d'heures de vol. Donc ça fait trois générations, à travers cinquante-cinq ans de télévision publique, et quand je parle de télévision publique, je parle évidemment de notre principal actionnaire qui est l'État, c'est-à-dire que j'ai traversé les huit présidents de la Ve République, de Gaulle, Pompidou, Giscard, Mitterrand, Chirac, Sarko, Hollande et Macron, tous très attentifs au choix de celui ou celle qui la dirigerait. Ces trois générations, c'est assez troublant, je m'en rends compte quand les gens viennent me parler. L'été 2023, alors que j'étais en convalescence dans ma maison de Provence, encore assez faible, j'allais marcher très tôt, à cause de la chaleur. Un matin, à un moment, je me suis assis sur le muret d'une propriété voisine de la mienne pour reprendre mon souffle. Le propriétaire arrive, il ne me reconnaît pas tout de suite : « Ça va, monsieur, vous avez besoin de quelque chose ? » Je lui réponds en enlevant mes lunettes de soleil : « Ça va, ne vous inquiétez pas. » Et là, il s'exclame : « Oh, mais c'est vous ! Vous avez été opéré il n'y a pas longtemps. C'est fou, je vous vois là tous les matins, vous ne vous imaginez pas ce que vous représentez pour ma famille ! J'ai grandi avec vous, mes enfants ont grandi avec vous. » C'est vertigineux comme sensation parce que l'on ne se voit jamais avec le regard des autres et moi, je ne l'ai pas du tout vécu comme ça ; j'ai vécu avec l'angoisse collée au corps parce que je suis un stressé. Quand on a cette nature, on ne se regarde pas dans le miroir en se disant *Je suis le plus beau*, on est juste dans l'inquiétude de ce qui peut arriver. J'ai fêté l'an dernier mes soixante ans de télé. Lorsque j'ai repris l'antenne en septembre 2023, après mes problèmes cardiaques, j'étais aussi angoissé que si c'était la première fois. Ma femme me disait : « Mais calme-toi, Papi, tu fais ce job depuis des siècles ! » La célébrité ne me rassure pas. Pour moi, elle est source d'angoisse, pas forcément de bonheur. Au fond, elle ne m'a pas changé du tout.

La gratitude

Chacun de nous a une, des chansons qui nous ramènent à des paysages, des lieux, des soirées, des moments d'émotion. La reconnaissance commence là. Quelques notes de musique, une mélodie à la radio et remontent les souvenirs… Chaque fois que j'entends *Only You*, des Platters, le standard incontournable sur lequel on flirtait cet été-là, ou *Et j'entends siffler le train*, de Richard Anthony, je reviens instantanément aux Sables-d'Olonne. Avec une gratitude infinie envers ceux qui m'y avaient confié mon tout premier job : moniteur de colonie de vacances sur la plage de Cayola, une plage familiale, très populaire, en Vendée. Forcément, je m'en souviens… J'étais devenu l'amant de la directrice de la colo – jeune, je n'étais attiré que par les femmes plus âgées, qui avaient déjà vécu, qui connaissaient la vie de couple, qui avaient de l'expérience dans tous les domaines. Là aussi, sûrement, c'est lié à ma soif d'apprentissage, à mon besoin de rassurance… J'avais dix-sept ans, les mômes dont je m'occupais quinze. Ils venaient de la banlieue parisienne. En règle générale, les gamins qui allaient en colo à la fin des années 1950 étaient issus de familles défavorisées. Avec eux, moi qui débarquais de ma petite ville tranquille de Vire, dans le Calvados, j'ai découvert ce que voulait dire être un ado en situation de fragilité, un peu abandonné, déjà à la limite de la délinquance, des gosses difficiles. La colonie était à trois kilomètres des Sables, nous nous rendions à la plage à pied. Le soir, quand on rentrait, j'étais obligé de demander à certains d'entre eux de vider leurs poches et de poser sur leur lit tout ce qu'ils avaient chapardé durant l'après-midi. Montres, portefeuilles, billets… Je leur disais : « Les gars, c'est bien gentil, mais demain matin on retourne là-bas et on remet ce que vous avez chipé au même endroit ! » Je me suis vite attaché à ces gamins.

La colo finie, mais pas l'été, je voulais continuer de gagner ma vie, m'efforcer de rassurer mes parents, fous d'inquiétude pour mon avenir. J'ai réussi à me faire embaucher par Samy, le patron de la boutique de photo – un personnage, tous ceux qui ont connu Les Sables de ces années se souviennent de lui. J'avais entendu dire qu'il recrutait un photographe de plage. À l'époque, des photographes attitrés passaient sur les plages, vous prenaient en photo, vous donnaient un ticket, et à la fin des vacances vous pouviez aller chercher les tirages. J'aimais bien ce job, je longeais la plage, je montais sur les dunes, je voyais un couple, souriez, clic-clac… Au bout de huit, dix jours, Samy me convoque, furax : « Ce n'est plus possible, je ne sais pas comment tu t'es débrouillé, mais les couples que tu as photographiés sont des couples illégitimes, des femmes en escapade avec leur amant pendant que leur bonhomme est resté bosser à Paris ! Ils sont tous venus réclamer les négatifs, tous, tu m'entends ?! » Comment m'étais-je débrouillé, en effet, pour photographier des gens qu'on n'aurait jamais dû voir ensemble ? Ma carrière de paparazzi qui s'ignorait s'est achevée aussi vite qu'elle avait commencé, Samy m'a évidemment viré aussi sec. Mais chaque fois que je retourne là-bas, je vais faire un tour sur la plage en pensant à ces couples illégitimes. La seule tristesse associée à cette période, c'est que six, sept ans plus tard, alors que j'étais devenu le « petit de la télévision », que j'apparaissais à l'antenne, je commençais à recevoir un peu de courrier, et parmi ce courrier, deux ou trois lettres de gamins que j'avais surveillés sur la plage de la colo et qui avaient déjà maille à partir avec la justice.

C'est à eux que j'ai pensé quand j'ai commencé à être visiteur de prison, dans les années 1980. Robert Badinter était alors garde des Sceaux. « J'ai appris que vous visitiez les prisons, je n'étais pas au courant », s'est-il étonné lorsqu'il l'a su. Et pour cause : il était hors de question que je risque de me retrouver nez à nez avec un photographe de la presse populaire. Je ne voulais surtout pas que les détenus s'imaginent que je venais les voir pour me faire de la pub. Donc je n'avais pas le titre officiel, je me faufilais en catimini. Pendant deux ans, j'ai visité une dizaine de prisons, dont celles de Caen, Poissy, Fresnes, Metz, Rennes, Fleury-Mérogis… et il m'arrive encore d'y retourner. Peu de gens savent ça. Être confronté à l'univers carcéral m'a profondément marqué. Ça a été une expérience incroyablement forte, violente mais extrêmement intéressante, et j'ai une immense reconnaissance envers celui qui m'a permis de la vivre, le directeur à l'époque du centre pénitentiaire de Caen, que j'avais croisé dans une de mes émissions.

La première fois, c'était donc à Caen, où étaient enfermés notamment les grands délinquants sexuels, mais aussi des meurtriers, tous de longues peines. Patrick Henry, par exemple, était incarcéré là. L'emploi du temps de la visite suivait un protocole strict, comme me l'a détaillé le directeur de la prison en m'accueillant. Le matin, rencontre sous surveillance avec quelques détenus qui, avertis de ma venue, avaient exprimé le souhait de me voir. Ça commençait mal : j'aurais aimé être libre de parler avec eux tranquillement, sans surveillants. Quel intérêt, sinon ? J'ai obtenu de les voir dans leur cellule, restée ouverte, un surveillant pas loin. Le directeur a poursuivi : « Ensuite, vous déjeunerez avec le personnel, et l'après-midi vous assisterez aux ateliers. Vous verrez les détenus travailler. Puis, avant votre départ, si vous le souhaitez, uniquement si vous le souhaitez, je vous dirai quel délit ou quel crime ils ont commis pour se retrouver là. Si vous ne voulez pas le savoir, je ne vous le dirai pas. » Très bien. On commence la visite, première porte déverrouillée, derrière, un type en survêtement, lunettes fumées, assez élégant, me salue : « Content de te voir, Michel ! » À peine entré dans sa cellule, je remarque à ma grande surprise une photo dédicacée de moi avec mon chien et une carte de vœux : il m'avait écrit et je lui avais répondu. De cellule en cellule, de prison en prison – il en avait fait plusieurs –, il avait gardé mon petit mot au mur. J'étais cueilli. Comme en constatant, au fil du temps, que presque la moitié des détenus que je visitais avaient un mot de moi.

J'ai toujours répondu avec une attention particulière à leurs lettres. Il me fait visiter sa cellule, deux ou trois meubles, un petit évier, une poignée de CD, quelques souvenirs, c'était très propre, arrangé au mieux, on sentait qu'il s'était installé pour très longtemps. Lui avait pris quinze ans. Les longues peines aménagent leur cellule, la personnalisent comme si c'était leur appartement, un minuscule studio, sachant qu'ils vont y rester des années. Nous conversons un moment, il est très calme, il me remercie. Le détenu suivant : queue-de-cheval, beau mec, il s'occupait de l'activité culturelle, ciné-club et bibliothèque. Apparemment, c'était l'intellectuel de la prison. Troisième détenu, jeune, très jeune, condamné à une moins longue peine, il arborait un maillot du FC Metz ; alors évidemment on parle foot, et puis il me raconte comment il s'occupe. Il bricolait, réparait les magnétoscopes, rempaillait les chaises, il était un peu électricien aussi. La matinée s'achève, je déjeune avec les matons, puis, l'après-midi, suivant le programme, je me rends à l'atelier, je retrouve un ou deux des détenus que j'avais vus le matin ; ils travaillaient à la chaîne, fabriquaient des objets pour un petit salaire qu'ils touchaient quand ils étaient libérés. Le soir, au moment de repartir, je retrouve comme convenu le directeur, qui me demande si je souhaite savoir pourquoi ces hommes sont incarcérés. Après mes échanges avec eux, oui, bien sûr, j'ai envie de savoir. Généralement, l'administration pénitentiaire ne communique pas ces informations, c'est interdit. Mais là, le directeur de la prison a fait une entorse au règlement. « Celui qui vous a reçu en survêtement avec ses verres teintés, bien propre sur lui, il a assassiné sa femme. Il l'a coupée en morceaux, et il a mis les morceaux dans des sacs-poubelles. » Inimaginable. « Celui à la queue-de-cheval, il était principal d'un collège dans l'Est, et il a assassiné le professeur de gym quand il a découvert que ce dernier était l'amant de sa femme. Il l'a tué de dix coups de couteau. Quant au petit jeune fan du FC Metz, il était avec un copain à lui, tous les deux ivres morts, et ils ont violé une fille à la sortie d'une boîte de nuit à quatre heures du matin. » Cette première visite m'a bien secoué mais elle m'a donné envie de continuer.

Et puis j'ai été contacté par Marie-France Blanco, la présidente de Relais Enfants-Parents, une association qui organisait des visites pour emmener les enfants nés en détention rencontrer leur père également emprisonné. Un jour, avec mon amie la productrice de télévision Dominique Cantien, l'association nous a confié la mission d'accompagner une de ces enfants, Samia, une petite fille de trois mois, dont les parents étaient incarcérés tous les deux. Samia était née à Fleury-Mérogis – lorsqu'une femme accouche en détention, on ne lui laisse son bébé que les premiers mois, on le lui enlève après. Le père avait été transféré à la prison de Val-de-Reuil, à côté de Rouen, et avait exprimé le souhait de connaître son enfant. Nous sommes passés chercher la petite avec ma voiture à la crèche de Fleury-Mérogis, nous devions la ramener à dix-huit heures sans faute. Au moment de démarrer, je n'en menais pas large, la petite pleurait sans cesse depuis que nous l'avions prise aux bras de sa mère – dans quoi m'étais-je embarqué ? Sans compter que je n'avais pas franchement l'habitude de m'occuper de bébés. Heureusement, bercée par la voiture, au bout d'une dizaine de kilomètres elle s'est endormie et nous sommes arrivés à Rouen sans encombre. Nous nous présentons : « Bonjour, on vient voir Samir, qui est le papa de cette jeune fille, matricule… » Le personnel de la prison n'en revenait pas de me voir là. On les avait prévenus de cette visite, mais on ne leur avait pas dit qui amènerait l'enfant. La surprise passée, ils nous conduisent vers le surveillant chargé d'aller chercher le prisonnier. Qui ouvre des yeux ronds : « Michel, mais qu'est-ce que tu fabriques là ?! Tu me reconnais ? » À mon tour d'être sidéré : je l'avais croisé du temps où j'étais reporter sportif. « Bien sûr, je te reconnais ! Tu étais catcheur, je commentais tes matchs de catch ! » « Oui, et maintenant je me suis reconverti maton. Attendez-moi là… » Et nous avons attendu, Dominique berçait Samia dans ses bras ; le père est arrivé, lui non plus n'en revenait pas de me voir, qu'un gars de la télé lui amène sa fille, la première fois qu'il la rencontrait… c'était surréaliste. Dominique lui tend son enfant, qui, changeant de bras, se remet à crier. Il la serre maladroitement contre lui, va s'installer sur l'unique chaise de la pièce, et là, il éclate en sanglots, la petite sur ses genoux. Elle ne pleure plus, mais elle est inondée de larmes. Cette image reste un des moments les plus bouleversants que j'ai vécus. Au fond du couloir, le gardien nous rappelle qu'il nous reste dix minutes. Samir redresse la tête, tend Samia à Dominique en murmurant « Un instant, s'il vous plaît », et se dirige vers le mur d'en face sur lequel il se met à taper, poings serrés, submergé de souffrance, d'impuissance. Je m'approche de lui, le prends par les épaules, m'efforce de l'apaiser en lui expliquant que ce temps passé en prison va lui servir à réfléchir, qu'il retrouvera sa fille quand il sortira et qu'alors elle sera vraiment fière de lui. Calmé, il a repris Samia dans ses bras, et s'est mis à jouer avec elle, pendant que Dominique et moi nous éloignions pour les laisser profiter de cette intimité trop fugace avant de ramener le bébé à Fleury.

Après cette expérience qui m'a profondément remué, j'ai été invité à Poissy. Là-bas, chaque mois, la direction de la maison d'arrêt organisait un genre de conférence avec une personnalité que les détenus avaient choisie. Il était prévu que je leur parle de la télévision pendant une heure. On m'avait averti : « Ils savent que la rencontre démarre à dix-sept heures, mais ce n'est pas une activité obligatoire, donc attendez-vous à ne pas avoir grand monde. » Poissy avait la réputation d'une prison très dure. Le jour dit, le directeur m'accueille, très courageux : « Je vous préviens, vous allez rencontrer des durs à cuire. Moi, je me tiens à distance, je vous verrai à la fin. » Les directeurs de centre pénitentiaire sont souvent des hauts fonctionnaires, des énarques qui ne sont pas sortis dans le rang qu'ils briguaient et se retrouvent là contre leur gré ; lui, visiblement, débutait, pas sûr de lui. « Ne vous inquiétez pas, je lui réponds, aucun problème. À tout à l'heure. » Et je m'installe au pupitre. Deux détenus avaient pris place dans la salle. La prison en comptait cinq cents, je crois. Je commence à parler, je les voyais, dehors, tourner en rond dans la cour à côté ; petit à petit, trois, quatre, cinq, six, sept viennent s'asseoir. Au bout d'une demi-heure, ils étaient tous là, à me bombarder de questions : « Alors, Michel, Chazal, ça doit être une bonne ? » Pas de fioritures, direct dans le bain. « Et Sinclair, elle doit être bonne, elle aussi. Et Machine, tu te l'es tapée ? » Je ne suis pas bégueule, ça s'est très bien passé. J'ai toujours aimé ce rapport avec les gens. Y compris avec des personnes très éloignées des milieux dans lesquels j'évolue habituellement. À la fin, les détenus sont venus me dire au revoir, à la queue leu leu, certains en me glissant un bout de papier. Le directeur, qui entre-temps m'avait rejoint, m'a murmuré à l'oreille : « Vous jetterez ces messages, bien sûr, ne vous embêtez pas. » Discrètement, je les ai lus. *Je suis innocent*, *Aide-moi, Michel*, *Appelle mon avocat*, *Appelle Claudine à tel numéro*... Une litanie de SOS. Un colosse s'approche, seul, deux mètres, plus de cent kilos, d'origine martiniquaise. On aurait dit Teddy Riner. Le directeur me met en garde : « Lui, il est imprévisible. Je vous envoie deux matons. » « Ne vous inquiétez pas, je n'ai besoin de personne. » Là-dessus, le gars, costaud, très gentil, se jette dans mes bras. « Ça va, Michel ? » Il m'engloutissait sous ses biceps. Et subitement, il s'effondre en larmes. « Sauve-moi, Michel, aide-moi, c'était un crime passionnel ! » Bien qu'à moitié rassuré, j'étais ému par la détresse de ce gaillard qui sanglotait comme un gosse. Pour essayer de le consoler, je l'ai invité à venir me voir en studio le jour où il sortirait. J'avais conscience que c'était bien peu de chose, mais il m'est arrivé de recevoir quelques détenus après leur libération. Ils s'en étaient plutôt bien tirés, avaient obtenu des remises de peine, leur femme, leur mère ou leurs parents les avaient attendus. Ces souvenirs-là, ça fait partie des cadeaux de la vie. Comment ne pas être reconnaissant ? Quand on devient un personnage public, on ne peut pas rester davantage en prise avec le réel que dans des circonstances comme celles-là, moniteur de colonie de vacances pour enfants défavorisés sur une plage populaire à dix-sept ans ou visiteur de prison. Ceux qui m'ont permis de vivre ces expériences, ces rencontres m'ont rendu un service inestimable.

Tout comme ceux qui m'ont permis de découvrir la France d'une autre manière, en la sillonnant. Grâce aux reportages sportifs, puis grâce à la radio, comme animateur de variétés. Comprendre que Paris n'est pas le centre du monde, ça aide à garder la tête sur les épaules.

Quand RTL m'a engagé pour *La Grande Parade*, nous délocalisions l'émission chaque semaine dans une ville différente. C'est ainsi que j'ai connu Philippe de Villiers, à Vendôme, avant qu'il devienne en quelque sorte le « roi » de la Vendée. C'était jour de Mardi gras, Sardou ou Lenormand chantait en vedette, cinq cents personnes s'étaient déplacées, dont le maire et tout ce que la ville comptait d'huiles. RTL, alors, était une radio extrêmement importante, entre onze heures et treize heures nous étions suivis par plusieurs millions d'auditeurs. Au premier rang, je repère un jeune gars, avec une casquette trop grande et une espèce d'uniforme dans lequel il flottait. Comme c'était Mardi gras, je pensais que c'était un gamin qui s'était déguisé. On nous présente : « Bonjour, je m'appelle Philippe de Villiers et je suis sous-préfet » ; c'était le plus jeune sous-préfet de France ! Je l'ai revu peu de temps après, en Vendée, pour le lancement de Radio Alouette ; il venait de créer un spectacle, *La Cinéscénie*, au Puy du Fou, ancêtre du célèbre parc de loisirs qui est devenu une réussite mondiale.

Dans le même registre, je suis infiniment reconnaissant à Jean-Luc Lagardère. Je l'ai rencontré pour la première fois alors qu'il était le patron de Matra et que, tout jeune reporter, je l'interviewais au bord du circuit sur les chances de Jean-Pierre Beltoise, pilote de son écurie, de remporter les 24 Heures du Mans. Des années plus tard, je l'ai retrouvé, après RTL, toujours patron de Matra et désormais d'Europe 1, et c'est lui-même, l'actionnaire, qui m'a engagé. Je n'ai posé qu'une condition : présenter le *Podium Europe 1* l'été, pour sa dernière saison. Je rêvais de connaître ça une fois dans ma vie. Et quelle aventure incroyable ! Les plus grandes vedettes y participaient, Johnny, Sheila, Joe Dassin, Claude François, Carlos… La tournée estivale des plages comptait quarante-cinq villes, notre podium itinérant s'installait dans une différente chaque soir et rassemblait dix à quinze mille spectateurs par gala. C'était colossal, un barnum gigantesque et joyeux. J'étais logé avec les artistes dans les meilleurs hôtels, face à la mer, nous nous y posions trois nuits en faisant la navette jusqu'à la ville du *Podium* du jour, puis nous partions vers une autre région. J'étais aux anges. Vraiment, j'ai adoré vivre ça. Comme loge, on m'avait attribué la caravane qu'avait utilisée Montand pour répéter sa grande tournée de retour sur scène en 1981. Les cloisons étaient encore tapissées des pense-bêtes qu'il y avait laissés avec des phrases à l'adresse du public en japonais, en anglais, en espagnol… Pour cette ultime saison du *Podium*, la radio avait engagé les ballets brésiliens Beija-Flor – des filles à tomber par terre, avec des jambes interminables, le carnaval de Rio sur place –, Catherine Lara, Stone et Charden, et en vedette Thierry Le Luron, qui arrivait en deuxième partie. J'introduisais les artistes, puis j'accueillais Thierry, qui montait sur scène déguisé en Alice Sapritch, avec un bonnet phrygien, comme elle, et un oreiller calé sur le ventre car elle était assez copieuse. Sapritch était une actrice mythique, entre son strip-tease dans *La Folie des grandeurs*, son rôle de Folcoche dans *Vipère au poing* et le fume-cigarette au bout duquel elle susurrait « Chéri, chéri », avec cette voix… que Thierry, dont elle était l'une des cibles favorites, imitait à la perfection, me sortant horreur sur horreur. On n'imagine plus le sale gosse que c'était, il osait tout, avec une audace… ce ne serait plus possible aujourd'hui. « Dis-moi, mon petit Druckerounet, tu es rentré très tard cette nuit, tu n'as plus tes érections d'antan… » Devant dix mille personnes. Et il enchaînait : « On est où ce soir ? » « Eh bien, on est à Sète. Avec les cheminots de Sète, les gars de la CGT. » « Ah oui, je me disais aussi, qu'est-ce qu'il y a comme cons dans la salle ! » Thierry m'a tout fait. Sur scène et en dehors. Au bout de quelques jours, il m'engueule : « Bon, ça suffit d'aller te coucher comme les poules, viens faire la fête avec nous après le show. » Et il m'entraîne. Un soir, on est en boîte en train de boire un verre, il s'approche pour me murmurer : « T'as vu ? La danseuse en chef des ballets Beija-Flor en pince pour toi, tu as une ouverture avec elle. Tu devrais aller la saluer. » « Mais je ne parle pas portugais ! » Thierry ricane et va la chercher. Un canon invraisemblable, cette fille, même légèrement habillée elle donnait l'impression d'être nue… Un peu gauche, je lui tends la main : « Paloma, comment ça va ? » Le Luron se marre : « Diego, pas Paloma ! », et là, je découvre que Paloma est un travesti. Pour dire si j'étais un peu innocent, j'ai mis dix jours à comprendre que la moitié des danseuses du ballet étaient des danseurs. Thierry m'a emmené dans toutes les boîtes de nuit du coin, il connaissait le moindre bouge de la France profonde. Quand il sortait, il troquait son smoking bon chic, bon genre contre cuirs et moto. C'était Dr Jekyll et Mr Hyde…

Je me souviens de toutes les villes où je suis passé, que ce soit comme reporter, pour des tournées avec la radio ou pour mes spectacles. Curieusement, j'ai une indéfectible mémoire des lieux par les gens, par les personnalités que j'y ai rencontrées ou qui en sont issues. Je peux dire du tac au tac qui vient de quelle ville. Saint-Étienne ? Bernard Lavilliers, Muriel Robin, « Robin, la chaussure qui vous va bien »… Je suis allé dans le magasin de sa famille, avec elle. Le Nord, Lille ? Pierre Richard, Dany Boon. Bordeaux ? Serge Lama, Sophie Davant, Marcel Amont, etc. Dans chaque ville, j'ai un souvenir, et ceux qui, en m'engageant, m'ont permis de retourner d'où je viens, la province, n'imagineront jamais le temps qu'ils m'ont fait gagner.

Parce que, dans chaque ville, j'ai fait la connaissance, aussi, de la presse régionale. Quand j'arrivais à Perros-Guirec pour la tournée Europe 1, j'étais interviewé par *Ouest-France*, quand j'arrivais sur la Côte, c'était *Nice-*

Matin ou *Var-Matin*… Idem dans chaque région. Ces journalistes de la PQR, comme on dit, la presse quotidienne régionale, ont jalonné ma vie. Je les ai retrouvés au fil des décennies, certains ont disparu depuis, ou ont pris leur retraite, et parfois leur fils leur a succédé. Sans parler du cartel des politiques, du conseil général, du maire devenu député, ministre… J'ai connu Alain Juppé à Bordeaux, Jack Lang à Blois, Bernard Cazeneuve à Cherbourg, Jean-Yves Le Drian en Bretagne, Christian Estrosi à Nice, Martine Aubry à Lille… Je connais la carte de la France politique, journalistique et artistique par cœur. Ces connexions tissent un maillage qui sur soixante ans est considérable.

J'ai ce même rapport, géographique et sentimental, avec le public. Une France qui n'est pas la France parisienne, qui n'est pas la France des paillettes, qui est, pour moi, la France du Tour de France. Je le vois à travers le courrier que je reçois, auquel je prends soin de répondre, aidé par ma femme. Encore maintenant, même si j'ai beaucoup de retard parce que j'ai reçu énormément de lettres pendant que j'étais malade, je consacre une heure par jour à remercier les gens qui m'ont écrit. J'en suis encore à remercier pour les vœux de bonne année ! Mais je réponds toujours et je lis toujours les lettres. Certaines sont illisibles, des écritures de toubib, mais il y en a de très émouvantes. Depuis près de soixante ans, ces échanges ne se sont jamais interrompus. Parce que ce sont eux qui me touchent le plus. La majorité des personnes qui m'écrivent sont en difficulté, elles demandent de l'aide, souvent elles vivent à la campagne, isolées, mes émissions, m'écrivent-elles, représentent une fenêtre sur le monde, leur rayon de soleil. Et beaucoup sont âgées, me suivent depuis mes débuts. Des grands-mères m'envoient des photos de leur petite-fille : « Elle veut être présentatrice, elle veut être actrice, ou chanteuse, est-ce que vous pouvez la parrainer ? » Le public pense à tort que sous prétexte que l'on passe à la télévision, on est tout-puissant. J'en ai fait une scène de mon spectacle *De vous à moi*. Dans un train, je rencontre une femme qui me jure que sa fille chante comme Céline Dion. Elle lui demande de s'exécuter dans le wagon-bar, la jeune fille se met à chanter *All by Myself*... et le train déraille. Je plaisante, mais la démarche m'émeut. J'ai fait des rencontres douloureuses, comme dans les prisons, mais j'en ai fait aussi beaucoup de très touchantes, drôles ou surprenantes.

Tous les jours, je fais des rencontres. Quand je promène ma chienne Isia, le matin, aux Invalides, nous croisons régulièrement un clochard et son chien. Les SDF ont souvent un chien. Et le chien ne manque de rien, c'est ça qui est extraordinaire. Je donne un peu d'argent au monsieur en lui faisant promettre de l'utiliser pour son compagnon à quatre pattes, pas pour s'acheter de nouvelles bières. Je bavarde avec lui, avec d'autres. La plupart du temps, ce sont des gens qui ont perdu leur emploi, leur femme, leurs enfants, et qui ont sombré. Ils se sont enfoncés dans les ténèbres de la société, la dégringolade va vite... Ils vont au SAMU social, aux douches municipales, ils mangent aux Restos du cœur ou à la Soupe populaire, et ils ne pourront jamais refaire surface. Ces personnes-là m'ont toujours davantage intéressé. En réalité, les gens célèbres et les paillettes, je ne dirais pas qu'ils m'indiffèrent, mais je les connais tellement, je connais tellement leur égocentrisme, leur absence de reconnaissance, de mémoire… Leur face B. Car il ne faut pas se tromper, ils ne sont pas nombreux ceux qui se souviennent du coup de pouce qu'on leur a donné. Comme sont rares les nouveaux riches qui ne zappent pas qu'ils ont été pauvres. Bernard Tapie ne zappait pas. Tapie était un ancien pauvre qui a réussi, et il voulait tellement que cela se voie, il est devenu tellement bling-bling que ça a fini par agacer. Il n'empêche que lors de ses obsèques à Marseille, tout Marseille était là. Je l'ai connu quand il s'est essayé à une carrière de chanteur, en 1966. Roger Lanzac, qui présentait *La Piste aux étoiles* et *Télé dimanche*, m'avait envoyé « faire un ménage » à sa place, un gala en banlieue qu'il ne pouvait finalement pas assurer. Je commençais tout juste à me faire un peu connaître, j'avais besoin de mettre du beurre dans les épinards, donc j'ai accepté, même si je n'avais aucune idée de ce que l'on attendait de moi. En réalité, je devais présenter Gérard Majax, le magicien ; Michel Polnareff, qui était en train de devenir une vedette, avait six chansons ; entre les deux il y avait une jeune chanteuse, Nicole Rieu, et, au début, au « lever de torchon », comme on dit, un certain Bernard Tapy, avec un *y*, un inconnu. Je monte au front avec mon petit carnet. « Qu'est-ce que tu chantes ? » On avait pratiquement le même âge. « Salut Michel, moi c'est Bernard, je chante *Passeport pour le soleil*, une adaptation de la chanson des bérets verts, et une chanson de Sacha Distel. » Et il se lance. Talonnettes noires de rocker, veste en velours rouge, nœud pap rouge, voix gouailleuse. Le « Nanar » des *Guignols*, plus vrai que nature. On a sympathisé. Par la suite, on a un peu perdu le contact, mais il a voulu me voir quelques jours avant sa mort. J'y suis allé. Tapie était un aventurier, un aventurier qui a été un très bon ministre de la Ville. Ce n'était pas un professionnel de ces problématiques, mais la banlieue, il connaissait : il en venait, et il n'avait pas oublié. Mitterrand, qui s'en était entiché – son côté voyou l'amusait –, l'avait nommé aussi pour emmerder le sérail. Mitterrand a toujours eu un goût certain pour la provoc. Et donc Tapie, même s'il ne pouvait pas s'empêcher d'étaler ses attributs de nouveau riche, le yacht, l'avion, les villas, a toujours revendiqué son passé de prolo. J'aimais ça chez lui.

J'aime ceux qui se souviennent d'où ils viennent, cette forme de reconnaissance. Comme les artistes qui se le rappellent à travers leurs chansons. La chambre de *La Bohème* d'Aznavour, à Montmartre, qu'il avait partagée avec Ted Lapidus, je l'ai visitée avec lui. Ted m'a montré des brouillons des premières chansons de Charles. Ses vaches maigres. *Je m'voyais déjà*, c'est son histoire. Aznavour, c'est le gars qui attend la gloire. Ils l'ont attendue ensemble, tous les deux. Lapidus est devenu un couturier très célèbre, Charles est devenu Charles. Mais ceux qui ne préfèrent pas oublier sont l'exception. C'est la même chose chez les hommes d'affaires dont la vie ressemble à une partie de Monopoly. Dans le Monopoly, il y a la Rue de la Paix mais il y a aussi la case Prison ; ceux qui viennent de loin n'aiment pas trop qu'on le leur rappelle. J'ai du mal à comprendre cette réaction, au contraire, j'estime tout à leur honneur d'avoir démarré petit et d'être devenu grand. Bernard Arnault est un cas à part, mais on ne devient pas François Pinault ou Francis Bouygues par hasard. Ce sont des *self made men* qui ont commencé en bas de l'échelle et qui ont bossé, bossé, bossé – entre parenthèses, tous candidats au stent ou à l'infarctus passé cinquante ans.

Très peu d'artistes sont nés et ont grandi à Paris. Maurice Chevalier, Édith Piaf, Eddy Mitchell, Guy Marchand, Michel Serrault, Françoise Hardy viennent du Paris populaire... Mais la plupart viennent de province. Certains n'ont pas coupé avec leurs racines, puisqu'ils sont retournés habiter ou ont une maison là d'où ils viennent, et ils ont eu raison. Mais beaucoup se sont pris ou se prennent pour des Rastignac, à vouloir devenir plus parisiens que les Parisiens. Briller à Paris. Il existe un syndrome de Paris, et l'ingratitude y trouve sa source. Car Paris fait perdre le contrôle, fait perdre sa lucidité, efface le sens des valeurs. Dès que l'on commence à être connu, on côtoie des gens célèbres, des gens riches, des gens puissants et, même si on ne se l'avoue pas, on veut « en être » – en tout cas ne pas laisser indifférent. C'est un engrenage d'autant plus pernicieux que ces derniers, hommes politiques, hommes d'affaires, etc., sont fascinés par les saltimbanques. Ils n'aiment rien tant qu'en avoir un à leur table. Jacques Chazot, l'amuseur du Tout-Paris, comme Jean-Claude Brialy, étaient de tous les grands dîners mondains. Et allaient en vacances également chez les puissants, parce que les puissants s'emmerdent, ils n'ont pas grand-chose à dire et donc se régalent de recevoir quelqu'un qui va leur dévoiler les petites histoires du show-biz entre la poire et le fromage. On n'imagine pas combien les puissants sont de véritables midinettes. Au premier degré. Leurs femmes lisent la presse people, friandes de potins. Une fois qu'elles ont fait la Fashion Week, la saison à Courchevel, puis celle à Saint-Tropez et débouché du champagne, elles meurent d'ennui. Comme autrefois à la cour, il leur faut leurs bouffons du roi. Je me suis toujours tenu à des années-lumière de ces univers, et je suis convaincu que c'est mon lien avec la province qui m'en a préservé.

J'aime aussi ceux qui se souviennent de ce que l'on a fait pour eux. Nombre de gens connus ont débuté ou débutent sur mon canapé, et je reste extrêmement sensible à celles et ceux qui en éprouvent de la gratitude. Mais certains ont la mémoire courte, je ne figure nulle part dans leur bio, alors que c'est moi qui les ai fait entrer, qui leur ai mis le pied à l'étrier. Quand je dresse la liste de ceux qui vivent dans la lumière… je ne me suis pas tellement trompé. Laurent Gerra et Nicolas Canteloup, deux grands imitateurs, Éric Antoine, le magicien de M6, Faustine Bollaert : tous ont fait leurs premiers pas dans *Vivement dimanche*. C'est pareil pour Laurent Ruquier, qui a fait éclore tant de talents et de grands chroniqueurs : Olivier de Benoist, Franck Dubosc, Philippe Geluck, Florence Foresti, Jérémy Ferrari, Léa Salamé…

À mes yeux, se montrer reconnaissant envers ceux qui vous ont donné un coup de pouce coule de source. Le piston fait partie du jeu. Je trouve honnête de le reconnaître. Sans la productrice Michèle Arnaud, j'aurais peut-être mis des années avant de revenir après Mai 68, je ne serais peut-être jamais revenu. C'est pour ça que je parle d'elle tout le temps. J'ai même engagé sa petite-fille Clémence un jour.

Les rencontres, ce sont les hasards de la vie, la chance, certes, mais il ne faut jamais manquer de remercier la chance. Pas plus qu'il ne faut cesser de rappeler ceux qui, à tel ou tel moment de notre parcours, ont compté pour nous. Même si le temps est un fleuve qui charrie tout dans l'indifférence, où un souvenir efface l'autre. *Avec le temps, va, tout s'en va* : tu avais raison, Léo. Ce que l'on doit à ses professeurs, par exemple. Combien d'acteurs doivent tant à Louis Jouvet ou Jean-Laurent Cochet, qui ont formé un nombre considérable de comédiens français ? Dont Depardieu, animal sauvage, brut de décoffrage, qui arrivait pieds nus, récitait phonétiquement Corneille ou Molière et qui est devenu l'un des plus grands acteurs du monde. Mes années d'école ayant ressemblé à un interminable cauchemar, je n'ai pas gardé un souvenir impérissable de mes enseignants. Je ne me souviens que de Mme Michez, qui n'est plus de ce monde. Ancienne institutrice, patiente de mon père, il l'avait embauchée l'été afin d'essayer de m'éviter le redoublement. Nous passions les grandes vacances à Saint-Pair-sur-Mer, à côté de Granville. Pendant que toute la famille allait à la plage, j'étais privé de baignade. Tous les jours. Mme Michez s'efforçait de combler mon retard, mais j'avais la tête ailleurs… Comme je n'ai pas fait d'études, j'ai surtout été marqué par mes maîtres en télévision. Léon Zitrone, bien sûr, parce qu'il savait tout faire. Pierre Desgraupes, l'une des figures du mythique *Cinq colonnes à la une*, devenu patron de télé et qui plus tard m'a confié *Champs-Élysées*. Georges de Caunes, le papa d'Antoine ; il avait autant de classe que d'humour. Ou encore François Chalais, qui a été le premier grand intervieweur avec son émission *Reflets de Cannes*, où lui répondaient toutes les stars. Sinon, j'ai appris beaucoup en regardant les autres. Quand on démarre très jeune et qu'on se construit peu à peu, *step by step*, on finit par se fabriquer soi-même son manuel. Son manuel pour durer. Dont les bases, je m'en rends compte aujourd'hui, viennent des siens, de sa famille.

Car, finalement, c'est mon père qui m'a appris le plus. Mon frère Jean. Et mon épouse. Ils ont été mes « professeurs de vie ». Mon père m'a appris la puissance du travail, le goût des autres, la force du lien avec les « vraies gens » et les gens en difficulté. Jean m'a fait découvrir et comprendre le monde du pouvoir. Il m'a présenté ses copains de l'ENA, les capitaines d'industrie qui sont encore aux manettes de l'audiovisuel d'aujourd'hui, et moi je lui ai présenté les saltimbanques. Quant à mon épouse, nous ne sommes pas mariés depuis plus de cinquante ans par hasard. Dany et moi avons le même âge. Nous nous sommes rencontrés à trente ans. Elle avait un acquis, un vécu que je n'avais pas. Là encore, être avec quelqu'un qui savait tout ce que je ne savais pas… Ce qu'est la vie de couple. Un divorce. Attendre la gloire – même si elle ne l'a pas attendue longtemps. Ce que sont un plateau de télévision, un plateau de cinéma, un metteur en scène, un comédien. Elle a choisi de s'arrêter très tôt et au top, mais elle aussi a été un de mes professeurs de vie et a joué un rôle fondamental dans ma carrière.

Qu'on s'en défende ou non, on est d'autant moins blindé contre l'ingratitude qu'on a un tempérament naturellement reconnaissant. Maintenant, je dirais que ça m'est égal, quoique. Ça fait vingt-cinq ans cette année que j'occupe la case du dimanche après-midi, quarante ans depuis la première de *Champs-Élysées*, où tout le monde se précipitait. Au fil du temps, d'autres sont arrivés, une nouvelle génération, et nous sommes passés en second, nous ne sommes plus prioritaires, on ne « fait » pas Drucker d'abord. On fait d'abord le journal de 20 heures de Delahousse, *C à vous* d'Anne-Élisabeth Lemoine ou *Quotidien* de Yann Barthès, et après Drucker. Quand j'ai préparé mon retour après avoir été malade, je me suis dit : « Par amitié, ils vont venir. » Ça a été le cas, ils étaient tous là, mais parce que c'était un retour particulier, le retour de l'enfer dont je revenais. Le reste du temps, je marque un petit peu le coup. J'invite un artiste et son attachée de presse me répond : « Il n'est pas libre. » « Ah bon, il n'est pas libre ? Mais comment ça se fait ? Je l'ai vu hier soir dans *Quelle époque !* » Dans ces moments-là, je ne peux pas m'empêcher de penser : *Bon, je suis oublié.*

L'archétype de l'ingratitude, je l'ai vu chez les acteurs, et surtout les actrices, dont le métier repose uniquement sur le désir, et qui subitement sont abandonnés pour un film, puis deux, puis définitivement par le metteur en scène qui jusqu'alors les faisait toujours jouer. Le seul fidèle à ses comédiens, c'est Claude Lelouch. Pour une actrice, le passage du temps est terrible. Quand on a l'âge d'une jeune première, on a des rôles de jeune première, après des rôles de maman, et après, s'il y en a, des rôles de grand-mère, encore faut-il les accepter, mais faire carrière c'est ça aussi. Denise Grey était une grand-mère épatante, Line Renaud à quatre-vingt-seize ans a encore des rôles. Mais il n'y en a pas beaucoup, et le marqueur de l'âge reste odieusement inégalitaire pour les femmes.

Mais si l'ingratitude, l'oubli, peuvent être source de profondes déceptions, de vraies tristesses, certaines fidélités sans faille les effacent. Deux artistes très importants pour moi, que j'ai aidés à leurs débuts, ne l'ont jamais oublié : Céline Dion et Julio Iglesias.

Julio a fait ses premières grosses émissions télé chez nous. Il est d'une reconnaissance qu'on n'imagine pas. Quand j'étais malade, il m'a appelé plusieurs fois de son avion avec son téléphone par satellite, au-dessus de l'Atlantique ou au-dessus de la Chine (il est toujours par monts et par vaux), et chaque fois il insistait : « Michel, si tu as besoin de quoi que ce soit, pour ta santé, ta famille, sur le plan financier, n'importe quoi, je serais très peiné que tu ne fasses pas appel à moi, vu tout ce que je te dois. Promets-le-moi. » Quant à Céline Dion… Céline a débuté en France dans *Champs-Élysées*. René Angélil m'a toujours dit que cela avait tout changé pour elle. À la fin de sa vie, il m'a envoyé une lettre que j'ai précieusement gardée. « Michel, je voudrais que tu saches que je n'ai jamais oublié ce que tu as fait pour Céline. » Malgré sa vie de star, avec des tournées de folie aux quatre coins de la planète, Céline a été d'une fidélité sans faille, elle trouvait toujours le temps de passer chez nous quand elle venait en France.

Céline Dion et Julio Iglesias, ce n'est pas n'importe qui. D'autres, bien moins célèbres qu'eux, voire pas célèbres du tout, n'ont jamais exprimé le moindre remerciement. Jamais. Ils se divisent en plusieurs catégories. Les fantômes, d'abord : ils étaient tout le temps là et tout d'un coup ils s'évaporent, plus de nouvelles, sans doute ont-ils préféré se mettre dans la roue de quelqu'un de plus en vue, histoire d'attraper quelques miettes de lumière, une petite parcelle de gloire à travers celles et ceux qu'ils courtisent. Besoin d'un peu de soleil. Personne ne les connaît, mais ils peuvent se targuer d'être l'ami d'Untel. Ensuite, il y a les mythomanes, qui, sous prétexte qu'ils côtoient quelqu'un de connu, se vantent de choses qui n'existent pas. Charles Aznavour a eu ainsi dans son entourage un type qui s'est approché de lui au point de faire croire qu'il pouvait obtenir ce qu'il voulait de Charles. Ça a pris de l'ampleur, jusqu'au jour où Aznavour s'en est aperçu. Il y a aussi ceux qui veulent devenir calife à la place du calife, et n'hésitent pas à se servir de leur relation avec une célébrité pour profiter des gens que la célébrité en question leur a présentés. Enfin il y a ceux – ironie de la vie – qui s'éloignent parce qu'on est en baisse, et qui reviennent quand on est à nouveau en hausse. J'ai parfaitement conscience que ceux que je reçois sur mon canapé ne viennent pas toujours pour mes beaux yeux, mais je sais également ceux qui viennent par amitié. Là, dans la dernière ligne droite, je sens un engouement… La raison est simple : ils ont découvert que jamais les seniors n'ont été autant à la mode. Les anciennes gloires, ou ceux qui ont pignon sur rue depuis très longtemps, qui préféraient aller ailleurs, reviennent. Il faut le savoir, rester lucide, et, heureusement, se reposer sur deux, trois piliers, la famille bien sûr, deux, trois copains d'enfance qui vous ont connu dans des circonstances normales.

L'été 2023, pour la première fois, parce que j'étais très malade, je n'ai appelé personne pour participer à mon émission de reprise. Mes collaborateurs m'ont dit que tout le monde s'était proposé. Alors que c'était le 22 août, en pleines vacances. Ça m'a fait chaud au cœur. Il a fallu que j'aie ces pépins de santé, le premier il y a cinq ans et le second il y a deux, pour sentir réellement l'affection des gens. Je n'étais pas venu dans mon village depuis des mois, et là, j'ai passé l'été dans ma maison à me retaper, je sortais à peine. La première fois, j'ai accompagné Stéfanie, ma fille, à la pharmacie. Elle était en double file, je suis resté dans la voiture. Tout le monde est sorti me dire bonjour : « Ça y est, vous avez retrouvé votre tête, on s'est fait beaucoup de souci. » Ils étaient sincères. Ce lien très fort, extrêmement émouvant, je le ressens pour la première fois maintenant, si curieux que cela puisse paraître. C'est pourquoi ce livre m'importe tant. C'est une manière de remercier, dans la même démarche que mes spectacles. J'ai hâte de remonter sur scène pour retourner partout remercier les gens.

Il est facile de m'aborder dans la rue, j'ai toujours aimé ce contact, et ça s'est toujours bien passé, je ne suis pas du genre à me balader caché derrière des lunettes noires et entouré de gorilles. Une fois, seulement, comme je figurais sur la liste d'Action directe avec quelques autres, animateurs de télé ou célébrités, j'ai eu droit à un coup de fil de Charles Pasqua, alors ministre de l'Intérieur : « Michel, vous êtes sur la liste des cibles potentielles, donc je vous place sous protection policière. » Je n'ai pas eu le choix, j'ai dû me coltiner deux gardes du corps pendant trois mois, ils me suivaient partout, c'était insupportable. Sinon, j'ai été harcelé par une jeune fille, il y a longtemps, qui faisait une fixette sur moi, elle souffrait d'érotomanie aiguë. Je ne la connaissais pas, mais elle m'écrivait tout le temps, et un jour elle a profité de ce que la porte soit ouverte pour se faufiler dans mon garage. Elle dormait à côté de ma voiture, dans un sac de couchage. Elle se foutait à poil devant moi sur le palier, en position du lotus, avec une guitare, et elle ne comprenait pas pourquoi je ne lui sautais pas dessus. Elle me disait : « Qu'est-ce qu'ils ont mes seins ? Tu n'aimes pas mes seins ? » Une folle. Un soir, je descends au parking, la minuterie s'éteint, et dans le noir total elle se précipite sur moi, je ne l'avais pas vue, et elle voulait... j'ai cru que j'allais perdre mes parties génitales. Donc je me suis débattu et en me débattant j'ai cassé ses lunettes. Je ne savais pas quoi faire, je suis remonté en panique à l'appartement et j'ai téléphoné à mon frère Jacques, qui m'a dit : « Appelle SOS Psychiatrie tout de suite ! » Je ne savais pas que ça existait. Je suis tombé sur un jeune psychiatre, qui après m'avoir écouté a envoyé illico des infirmiers pour l'hospitaliser. Deux heures plus tard, il m'a rappelé : « Cette jeune femme va bien, la crise est passée. » Elle était étudiante en licence de chimie à Lille. Ensuite, elle s'est un peu calmée. Elle s'appelait Colette, on la connaissait bien, Colette, à la maison. On disait : « Attention, Colette est revenue. » Elle faisait partie de la famille. Un jour on ne l'a plus vue. Quelque temps plus tard, j'ai reçu une longue lettre où elle m'écrivait qu'elle était désolée de m'avoir empoisonné la vie, qu'elle avait enfin rencontré le grand amour, et elle m'envoyait une photo d'elle avec son fiancé, un homme magnifique. Ça a duré deux, trois ans. Et puis elle a rechuté. Elle m'a écrit une nouvelle lettre en me suppliant de venir à son secours, il y avait encore une photo d'elle, cette fois le type l'avait attachée au radiateur. Des rencontres comme ça…

Mais, en soixante ans de vie publique, je ne suis jamais tombé sur quelqu'un qui m'a pris à partie, insulté ou agressé. Quand je croise des gars de cité qui passent en voiture avec la sono à fond la caisse, vitres baissées, casquette en arrière, ils s'arrêtent : « Eh Michel, ça va ? Vivement dimanche ! Pourquoi tu m'invites pas sur ton canapé ? Viens manger à la maison ! » J'ai toujours ce rapport naturel, c'est ce que j'aime dans ce métier, il n'y a pas de barrières, que je parle avec un ministre, un SDF ou un jeune de banlieue, je fais partie de la famille.

Si, quand même, il m'est arrivé de me faire traiter de « sale juif ». Pas ouvertement, mais on a tagué l'étoile jaune sur ma bagnole, et j'ai reçu quelques lettres d'insultes. Mon père était traité de « sale juif » lui aussi. Lorsqu'il s'est installé en Basse-Normandie avant la guerre, des antisémites, et plus violents qu'aujourd'hui, ont tout tenté pour qu'il ne voie pas un patient. Ça n'est jamais allé aussi loin pour moi. Les antisémites d'aujourd'hui, et Dieu sait s'il y en a, semblent avoir d'autres victimes. C'est la romancière Claude Sarraute, grande copine de Laurent Ruquier, qui, à l'époque où Ruquier exerçait sur France Inter, m'a un jour lancé en direct : « Dis donc, Michel, qu'est-ce que j'apprends, tu es juif ? » « Oui, et alors ? » « Mais ça change tout ! » a-t-elle répondu. J'étais interloqué. Mes parents viennent d'Europe centrale, des Carpates, mon père s'appelait Abraham, une partie de la famille s'est exilée en Israël, un de mes oncles, sculpteur, s'y est installé à l'époque de Ben Gourion et de Golda, mais je ne suis pas pratiquant, je ne fais pas shabbat, même s'il m'est arrivé de le faire chez des copains, je ne vais pas à la synagogue, je suis agnostique, je ne suis pas sioniste inconditionnel à cent dix pour cent, je fais partie de ceux qui n'ont pas été élevés dans la tradition juive. Et pourtant… Ma judaïté est remontée sur le tard, quand j'ai été parrain de la Tsedaka, la grande soirée caritative organisée annuellement par le FSJU, le Fonds social juif unifié. Le Palais des Congrès était plein comme un œuf, on m'avait demandé un petit discours, j'ai improvisé, même si j'avais un peu réfléchi avant. « Ma mère, Lola Drucker, serait folle de joie de me voir parmi vous. Voilà, maman, je pense à toi, je suis là, tu es contente, non ? Je suis sûr que si tu pouvais voir ça, tu me dirais : “Tu fais *Vivement dimanche*, pourquoi tu ne fais pas Vivement shabbat ?” » Ça les a beaucoup fait rire. Ensuite, je suis allé en Israël jouer mon premier spectacle, et ce fut un choc. Les deux mille personnes dans la salle se sont levées quand je suis entré sur scène, comme pour dire : « Bienvenue chez toi. »

J'étais incroyablement ému. Ce voyage en Israël a été un grand moment. Et je ne suis toujours pas remis de la tragédie de l'attaque terroriste du 7 Octobre ni des massacres des civils à Gaza. Je n'ai pas l'indignation sélective, et le drame du Haut-Karabagh, aux portes de l'Arménie, me bouleverse autant.

Dans ma relation avec le public, cette forme de reconnaissance, au sens premier du terme, cristallise aussi, j'en ai conscience, une part de nostalgie. Je ne m'en étais pas rendu compte avant de jouer mes spectacles. Or la majorité des spectateurs étaient des retraités qui avaient suivi mes émissions quasiment depuis le tout début. Beaucoup venaient en couple et il était palpable qu'à travers ce que je leur racontais, ils rembobinaient leur propre vie, leur jeunesse… Avec les larmes aux yeux quand j'évoquais tel chanteur, telle actrice, tel ou tel souvenir, tel ou tel moment…

Sans doute parce que nous vivons une époque anxiogène, il me semble que la nostalgie n'a jamais été aussi porteuse. Qu'il y a un retour aux chansons d'avant, comme si la nouvelle génération d'artistes, d'une culture très différente, n'atteignait plus les générations précédentes. Les gens qui ont plus de soixante ans aujourd'hui restent attachés à Piaf, à Bécaud, à Barbara, à Brassens… Mais peut-être reste-t-on toujours attaché aux chansons de sa jeunesse.

La dernière fois que j'ai séjourné en Provence, je suis allé fleurir la tombe de ma mère et de ma sœur – peu de personnes savent que j'avais une sœur, née en 1939 et décédée de la mort subite du nourrisson ; la jeune fille qui s'occupait d'elle l'a mal posée sur l'oreiller et elle s'est étouffée. Elle s'appelait Monique, elle aurait trois ans de plus que moi. Elle repose au cimetière d'Eygalières elle aussi. J'aime les cimetières de Provence, ils ne sont pas tristes car les caveaux s'y dressent haut, face au ciel, face aux cyprès. Quand je vais lui rendre visite, j'ai l'impression que maman regarde les Alpilles. Sur une tombe voisine de la sienne, j'ai remarqué une épitaphe que je n'avais jamais vue auparavant : « Et nos souvenirs auront longtemps le parfum des regrets. » J'ai trouvé cela joli, une belle définition de la nostalgie.

J'essaie de lutter contre mon tempérament facilement nostalgique, guère souriant. Et je ne pense pas que c'était mieux avant, je ne me reconnais pas du tout dans la nostalgie « anciens combattants ». Ce n'est pas vrai que c'était mieux avant. C'était différent. Globalement, la vie des gens était plus dure avant. Cela dit, je n'échappe pas à la nostalgie du temps qui passe, et je ne me retrouve plus complètement dans ce que j'entends, ce que j'écoute, ce que je vois aujourd'hui. Est-ce l'âge ? Je ne crois pas. En réalité, je suis surtout nostalgique de la lenteur. Tout va si vite maintenant. On n'a pas le temps de réfléchir, on n'a pas le temps de prendre une pause. On vit au rythme d'un clip, or la vie, ce n'est pas un clip. C'est un long métrage. Il suffit de regarder les infos en continu… La dictature de l'immédiateté et de l'émotion, par cynisme, pour faire grimper l'audience, accolée à ce côté pompier pyromane, me dérange beaucoup. Et je suis assez content d'être un des derniers à ne pas y céder. Quand on s'assied sur mon canapé rouge, on n'est pas dans l'urgence. Alors que maintenant, un sujet au journal télévisé, c'est une minute trente. Une interview pour une promo, c'est cinq minutes, maximum. Avant, on prenait son temps.

Sur cette nostalgie du temps qui passe, il y a surtout… On n'est pas le même à vingt, trente, soixante, quatre-vingts ans, et l'image que l'on a des gens que l'on a admirés, idolâtrés, montés au pinacle, évolue. Je ne parle pas des artistes, les concernant j'ai ouvert les yeux assez tôt. Et il y en a que je préférerais n'avoir jamais connus, m'être contenté d'écouter leurs chansons, de voir leurs films ou de lire leurs livres. Tellement sur le plan humain ils se sont avérés décevants. Non, le point très délicat, douloureux, sur ce sujet, c'est de comprendre, en vieillissant, que nos parents n'étaient pas ceux que l'on s'imaginait. J'ai mis mon père sur un piédestal pendant des années, et avec le recul je m'aperçois qu'il n'était pas un homme aussi exemplaire que ça. C'est difficile à admettre, ça. Je ne parle pas de ma mère, mais de mon père. Mon père a été un médecin extraordinaire, totalement dévoué à ses patients ; il a aussi été un père difficile. Il faut tellement de temps pour connaître ses parents. Je garde de mon enfance un souvenir d'atmosphère tendue, électrique, vraiment angoissante, parce que mon père était très nerveux, colérique. Arrêté par les Allemands en 1942, il a été détenu à Drancy, puis au camp de transit de Royallieu, à Compiègne, où j'ai fait mon service militaire, tragique hasard, dix-huit ans après. Détenu, juif germanophone et médecin. Les nazis redoutaient les virus, le typhus, les bactéries : Abraham Drucker a sauvé sa peau parce qu'il leur était utile. Cette ambiance anxiogène dans laquelle nous avons grandi, mes frères et moi, vient-elle de là, de sa culpabilité d'en être revenu ? D'avoir, lui, échappé aux wagons plombés parce qu'il était médecin et qu'il parlait allemand ? Aujourd'hui, je le pense. Je suis prudent dans la façon de le dire, mais... avec le temps, on ne voit plus les gens que l'on a aimés de la même manière. On ne voit plus ses proches avec les lunettes de l'enfance. Pourtant, mon père a été un immense exemple pour moi. Mais je me dis aussi que ma mère a eu beaucoup de patience, elle a été mariée avec lui pendant près de quarante ans, et leur couple a été orageux, compliqué, entremêlé à leurs racines d'Europe centrale, tous deux venus de frontières sans cesse fluctuantes, ce qui n'en faisait pas des gens sereins, doués pour le bonheur. Cela a aussi déteint sur nous, leurs enfants. Je me souviens de disputes homériques entre mon père et Jean lorsque nous étions plus grands, ils s'engueulaient sur la politique. Rien n'était jamais paisible à la maison. Et en même temps, c'est à mon père que je dois les valeurs qui m'ont construit... Tout cela, avec l'âge, crée une zone un peu douloureuse, parce que j'ai de gauche ce qu'a un fils d'émigrés dont les parents sont devenus français en 1937, à l'époque du vrai Front populaire, celui des premiers congés payés, où les ouvriers découvraient la mer pour la première fois pendant que Charles Trenet chantait *Y a d'la joie*. C'est la gauche qui a fait mes parents français. Ça, c'est ancré en moi. Et c'est une promesse que je leur ai faite, mais même si je ne l'avais pas faite, je l'aurais tenue : je voterai toujours à gauche. Je voterai toujours à gauche, par gratitude et par reconnaissance. Même si cette gauche-là n'est plus celle que l'on a aimée.

Le temps qui passe, c'est donc aussi comprendre que l'on ne peut pas rester dans une intangible constance de notre regard sur les autres. Et que cette lucidité n'empêche pas la gratitude, même s'il m'a été douloureux de l'accepter.

Mon père m'a aussi appris à dire merci et je suis plutôt toujours en avance de trop de gratitude, de trop de reconnaissance. Je passe mon temps à remercier, on me l'a assez reproché, je passe mon temps à ne pas oublier. Encore une fois, la productrice Michèle Arnaud, qui a été si importante pour moi. Les premiers artistes qui m'ont fait confiance alors que je n'étais pas ce que je suis aujourd'hui. Jean Ferrat, le grand Ferrat, qui ne chantait presque que dans mes émissions. Mes pairs, aussi ; Léon Zitrone, de m'avoir laissé le regarder travailler, rien que ça était déjà formidable. Et puis tous ceux qui m'ont appris le métier. Et je continue à remercier, même un journaliste débutant. Par exemple une jeune femme qui a fait un papier sur moi il n'y a pas longtemps ; c'était son premier papier, elle a vingt-deux ans, elle sortait de l'école de journalisme. J'ai fait des pieds et des mains pour dénicher son numéro. Quand je l'ai appelée, elle n'y croyait pas. J'ai aussi cette propension à téléphoner à mes consœurs ou confrères même si ça ne me concerne pas. Parce que j'ai vu une émission d'eux qui m'a plu. C'est tellement peu courant que l'on se demande comment je fonctionne. Mais c'est dans mon tempérament, dans mon caractère. Je crois avoir rarement été pris en flagrant délit d'ingratitude. Ce serait plutôt le contraire. J'aurais presque le complexe de la peur d'être ingrat, d'être en retard dans la reconnaissance… Cela fait partie d'une espèce de besoin de vouloir séduire et qu'on dise du bien de soi en permanence, j'en ai conscience. Aimer les gens, leur montrer qu'on les aime signifie aussi, sans doute même avant tout : « Aimez-moi. » C'est une dépendance, c'est vrai. J'ai besoin de me sentir aimé, et j'ai besoin que les gens sentent que je les aime. C'est pour cela que je voulais être médecin. Soigner. Pour être médecin de famille, il faut aimer ses semblables. On en revient à ce que ses patients disaient à mon père, la continuité entre mon métier et être médecin. « Mon fils est devenu médecin des âmes », c'est sans doute le plus beau compliment qu'il m'ait fait.

La bienveillance

On m'a souvent reproché un côté « tout le monde il est beau, tout le monde il est gentil ». Complaisant, en fait. « Drucker cire les pompes. » En réalité, il n'y a aucun calcul. C'est simple : je n'aime pas le conflit, et chercher à mettre l'autre en difficulté n'est pas dans ma nature. L'insolence systématique ou la volonté de piéger ceux que l'on interviewe, je les laisse à d'autres, qui y excellent. À la télévision, le premier à imprimer ce style a été Philippe Bouvard, dans les années 1970. Son émission s'appelait *Samedi soir*. Il « se payait » les artistes, avec un ton très impertinent, très poivre et sel, l'humour cinglant qui était sa marque de fabrique. Les invités s'y rendaient la peur au ventre, mais tout le monde y allait, comme s'il fallait relever ce défi : « Moi, je vais m'en sortir. »

Après lui, Thierry Ardisson, qui est un producteur brillant, bouillonnant d'idées, comme tous ceux qui viennent de la pub, a dézingué tous azimuts pendant vingt ans. De moi, il disait « Drucker mène sa carrière comme un clerc de notaire », jusqu'à ce que l'on nous propose de coprésenter une grande soirée sur les soixante ans du

Débarquement. Ardisson s'est montré un peu étonné que j'accepte, avec ce qu'il me balançait depuis des années, il me trouvait fair-play. Mais il a posé ses conditions : « Je ne sais pas faire de direct, je ne ferai pas de direct. » En effet, il n'en faisait pas. Il avait besoin de cinquante-cinq fiches, de cinq heures de tournage pour une émission qui, après montage, en durait trois, et d'avoir le *final cut*. Je connaissais sa méthode, avec un résultat efficace : tout contrôler pour garder le meilleur du meilleur. Comme, de mon côté, je n'aimais que le direct, finalement il a enregistré sa partie et je suis passé en direct... Nous nous sommes retrouvés plus tard, sur une émission qui s'appelait *Le plus grand Français de tous les temps*, diffusée en direct du Sénat. Le public devait intervenir, sous la forme d'une sorte de sondage, pour désigner les cent Français les plus importants de l'Histoire, donc il n'était pas possible d'enregistrer avant. Thierry avait un trac inimaginable. Mais il s'est lancé, on l'a fait, on a sympathisé, et après des années il a fini par reconnaître que j'avais raison, qu'il n'y a aucune honte à être bienveillant. Mon credo n'a pas changé : on obtient bien davantage de celle ou celui que l'on interroge en tête à tête en l'interviewant sans agressivité qu'en le braquant. Vous mettez n'importe qui sur ses gardes, il freine des quatre fers dès le début, c'est humain. Peut-être ai-je convaincu Thierry. Depuis, il répète à qui veut l'entendre qu'il s'est « druckérisé », et il m'appelle « le Parrain » ; lorsqu'il m'invitait dans son émission sur C8, il me faisait entrer sur la musique du *Parrain* de Coppola et il me baisait l'anneau.

J'ai toujours présenté les artistes avec enthousiasme,

avec des superlatifs souvent exagérés compte tenu de leur statut, je le reconnais. Cela vient, d'abord, de mes premiers pas dans ce métier. Les émissions de variétés que je présentais ont pris leur envol en même temps que toute une génération qui commençait à se faire connaître. Serge Lama, Joe Dassin, Michel Sardou, Claude François, Julien Clerc, France Gall et Michel Berger, Sylvie Vartan et bien sûr Johnny… tous sont devenus de grandes vedettes. Ensuite, chacun de nous a fait son chemin, mais le souvenir de nos débuts communs nous lie. Nous étions copains. Quand je les retrouvais pour les interviewer, comment aurais-je pu les épingler ? Ils n'auraient pas compris, et moi non plus. J'ai noué des relations d'amitié avec les gens du métier, les artistes comme les journalistes, conséquence d'une très longue carrière qui fait de moi un cas un peu à part. Car j'ai aussi débuté en même temps qu'une dizaine de pigistes, qui pour beaucoup sont devenus des patrons de presse. C'est le hasard, c'est ainsi. Idem avec la presse régionale. Je l'ai dit, à parcourir la France, d'abord comme reporter sportif, puis avec RTL et Europe 1, j'ai rencontré des jeunes journalistes partout, de *Ouest-France* en Bretagne, de *La Voix du Nord* dans le Nord, du *Républicain lorrain* ou de *L'Est républicain* dans l'Est, de *Nice-Matin* dans le Sud, du *Dauphiné*, du *Progrès de Lyon*… On ne va pas s'allumer quand on a fait ses premières armes ensemble.

Et puis les artistes m'ont reçu chez eux, je les ai vus dans leur environnement familial, je connais leurs parents, parfois même leurs grands-parents. Pour cela aussi, je suis un cas un peu à part. Je connaissais très bien le professeur Choron de *Hara-Kiri*, le papa de Michèle Bernier, ou Jackie Sardou, la maman de Michel ; aujourd'hui, je connais très bien celle de Patrick Bruel ou de Pascal Obispo, les parents de Kad Merad… Souvent, ce sont eux que j'appelle pour prendre des nouvelles de leurs célèbres enfants. Très tôt, j'ai déjeuné avec chacun d'eux, comme si déjeuner avec moi garantissait que leur fils ou leur fille était bien sur les rails de la célébrité. « Maintenant qu'on a vu Michel Drucker, on est rassurés, on sait que tu as réussi… », disait son père à Gérard Jugnot. Au-delà de l'anecdote, j'ai tissé de vraies relations avec les familles des artistes, je connais leur vie quand les projecteurs s'éteignent. Ils savent qu'ils peuvent me demander des services, par exemple utiliser mon carnet d'adresses de grand hypocondriaque afin que je leur recommande tel ou tel spécialiste, pour eux ou pour leurs parents. Évidemment, lorsque je les reçois sur mon canapé, ce lien se traduit par un ton particulier. Avec la plupart, on se tutoie, cela n'aurait pas de sens de se vouvoyer. Nous avons en partage des années et des années de relations, d'émissions. Certains, je les ai présentés peut-être cinquante fois. Chaque fois, il faut trouver un angle différent. Je m'efforce de rester sur une approche plus personnelle que la promo habituelle. Plus familiale, si j'ose dire, sans doute parce que, à mes yeux, la famille est le cœur de tout.

Sur le ton, il y a une chose également, loin d'être un détail : la bienveillance s'entend. Elle est dans la voix, dans le timbre. De la même manière, le côté inquisiteur, acide d'un style se voit aussi parce qu'il s'entend. Dans la voix d'un Marc-Olivier Fogiel ou d'un Thierry Ardisson, on entendait qu'ils cherchaient la faille. En vieillissant, ils se sont adoucis. Lorsque l'on a une voix consensuelle, une voix que les gens connaissent et entendent ainsi, partir dans l'agressivité ne fonctionne pas. Si, tout d'un coup, je disais à l'un de mes invités : « Ça ne vous fait rien d'aligner des chansons insipides, vous vous écoutez de temps en temps ? », ça ne sonnerait pas juste car ça ne collerait pas avec mon timbre.

On peut me taxer de complaisance, mais je n'ai jamais regretté cette manière d'être avec les artistes, parce qu'elle correspond à ce que je suis. Récemment, en triant des affaires, j'ai retrouvé mes bulletins scolaires de troisième, l'année du brevet ; l'appréciation générale notait « indiscipliné, absent même quand il est là, incapable de se concentrer, mais bon camarade et un bon fond ». De même qu'on ne guérit jamais de son enfance, comme l'a si bien chanté mon ami Jean Ferrat, je crois que l'on reste celui que l'on était au départ. Encore plus, j'imagine, quand cette disposition est ancrée en vous par votre éducation. Ni mon père ni ma mère n'auraient supporté que je malmène un artiste, que je lui pose des questions le mettant dans l'embarras. C'était inconcevable. Chez les Drucker, on remercie. On n'oublie pas de remercier, jamais. Mon père avait le souci permanent de ne pas rater le carrefour de la gratitude et de la reconnaissance, et ce souci aussi il me l'a transmis. De la même manière, si on invite des artistes, des personnalités, on les reçoit bien. D'ailleurs, chaque fois que je me montrais – oh, pas bien insolent, juste un peu caustique –, j'avais droit à un coup de fil : « Tu as posé une question bizarre, l'autre jour », « Mais c'était de l'humour, papa ! », « Ça ne m'a pas fait rire. » Mon père attendait de moi que je m'occupe des artistes comme il s'occupait de ses patients. Au fond, ça me va bien, ce parallèle. Car un artiste a besoin qu'on l'aide, qu'on le soigne. Que l'on panse ses blessures, ses plaies. Ses doutes, ses angoisses, ses échecs. Ses regrets. Aucun artiste, aucun créateur n'est serein, parce qu'il vit avec la peur du lendemain. Il ne peut pas se dire : « Voilà, je suis parti pour quarante ans », comme dans la plupart des métiers. Un médecin sera médecin toute sa vie ; un enseignant, pareil. Artiste ou homme de médias sont des métiers où on n'a aucune assurance sur l'avenir.

Gratitude et bienveillance sont inextricablement mêlées. Je sais que cela vient du même principe, de la même angoisse : cet insatiable besoin d'être aimé, que je partage avec celles et ceux que je reçois. Que mes invités quittent mon plateau heureux de leur passage est toujours passé en priorité, même si le but d'une interview est avant tout de leur permettre de bien mettre en valeur leur travail, au nom de la sacro-sainte promo. C'est pour cela que les rares fois où me sont revenues des malveillances du genre : « On va se faire cirer les pompes sur le canapé de Drucker », je l'ai mal pris. Faire en sorte que mes invités disent des choses qu'ils ne disent pas ailleurs, dans un climat de confiance, cela n'a rien à voir avec le cirage de pompes.

Pour autant, être bienveillant ne veut pas dire être naïf et ignorer le revers de la bienveillance : la médisance. Cette forme de malveillance est le sport favori des gens célèbres, qu'ils soient dans la politique, chanteurs, comédiens ou hommes de médias. Tout le monde dit du mal de tout le monde. Médire reste le sujet de conversation préféré des déjeuners en ville. Bien sûr, on retrouve ça dans tous les milieux. À l'hôpital, par exemple, jamais je n'aurais imaginé avant mes hospitalisations à quel point les grands patrons se jalousent. J'ai entendu les pires horreurs des médecins de la Salpêtrière sur leurs confrères de Pompidou, ou l'inverse. Mais c'est pire dans le nôtre, démultiplié précisément par la notoriété de celles et ceux que cette méchanceté vise. L'été, tout ce petit monde commente le mercato de la rentrée, y va de sa petite vacherie. Ça se termine régulièrement dans les journaux people, on lave son linge sale en public. Les gens se fâchent, disent du mal… Le nombre de fois où j'ai appris, par la bande : « Encore Drucker, mais il est toujours là, lui, quand est-ce qu'il arrête ? Ça suffit, il a l'âge de la maison de retraite. »

C'est humain, vous me direz… La jalousie, l'envie, font partie de la nature humaine. La jalousie du statut, de ce que l'autre possède, à partir du moment où sa réussite s'accompagne d'une réussite financière, lorsqu'il se sait que vous êtes quelqu'un de très bien payé parmi les mieux payés. En 1995, le député Alain Griotteray, qui était rapporteur du budget de la télévision, a révélé les contrats exacts des animateurs-producteurs de la télévision publique, qui gagnait quoi. Cela a provoqué un barouf terrible : non seulement ces sommes ont scandalisé le public, mais les révéler nous a montés les uns contre les autres. Comment, lui, il gagne ça, et moi je n'ai pas autant ? C'est très français, cette jalousie de ce que possède le voisin. Dans le milieu des affaires, ce n'est un secret pour personne, Arnault, Pinault, Bouygues, Bolloré... tous les poids lourds de la finance hexagonale se jalousent entre eux. C'est à celui qui aura le plus de pouvoir médiatique en rachetant journaux, chaînes de télé ou de radio, les demeures les plus grandes, le jet le plus rapide, etc. Et la presse, qui adore mettre de l'huile sur le feu, en fait régulièrement un « marronnier » annuel, en général l'été, en établissant le classement des plus grandes fortunes françaises, histoire aussi de bien attiser la jalousie des smicards. En réalité, pourtant, les gens les plus bienveillants que l'on peut rencontrer dans notre métier, c'est le public. Bien sûr, désormais, avec l'accélération des moyens de communication, le « bashing » s'amplifie grâce aux réseaux sociaux, où pullulent les *fake news* et les commentaires fielleux : « Il est trop vieux, dehors », « Trop riche, dehors », « C'est un imposteur, dehors ». En ce qui me concerne, heureusement, ce n'est pas la majorité.

Il y a encore pire que notre milieu : la politique. Le degré de malveillance y atteint une violence inégalée. Quand j'étais invité chez François Pinault, pour qui j'ai beaucoup d'affection, il y a très longtemps, et que les Chirac étaient là – ils étaient très liés –, la moitié du dîner se passait à se moquer de Giscard ; Bernadette, en particulier, était très en verve. Je suppose qu'à la même heure, à la table des Giscard, les convives se payaient Chirac avec autant de célérité. C'est vrai de tous les côtés de l'échiquier politique. Lorsque Ségolène Royal s'est présentée à la présidence de la République, en 2007, que n'ai-je entendu sur elle!... Je la reçois quelques mois après sa défaite face à Nicolas Sarkozy dans *Vivement dimanche*. Sa séparation d'avec François Hollande, qui était alors le premier secrétaire du PS, révélée au soir du second tour des législatives, faisait le régal de la presse people. La fin de l'émission approche, je sais que je ne peux pas faire l'impasse sur cette question, on va encore me taxer de complaisance, mais je ne me vois pas lui dire : « Alors, madame Royal, qu'est-ce que ça fait d'être cocue aux yeux de la France entière ? » Et tout d'un coup, avec un aplomb incroyable, elle lâche : « Vous savez, Michel, des milliers d'hommes et de femmes connaissent cette souffrance que je ne souhaite à personne. Être trompée, quand ça dure dans une période comme celle-là, c'est difficile. Cela a été extrêmement dur. Ce qui m'a sauvée, c'est de continuer à penser aux Français. » L'émission, toujours enregistrée dans les conditions du direct, se termine, je vais la saluer dans sa loge. « Ségolène, je suppose que l'on va couper ce passage au montage. » « Pas du tout, me répond-elle, vous le gardez. » Ce jour-là, elle m'a rappelé Hillary Clinton, que j'avais rencontrée peu de temps après l'affaire Monica Lewinsky. Les détails les plus sordides de la liaison de son mari avec cette jeune stagiaire de la Maison-Blanche étaient connus du monde entier, y compris une tache de sperme sur la robe de la jeune femme, c'était hallucinant. Je demande à l'ancienne First Lady comment elle a traversé cette épreuve. « Écoutez, c'est simple, on se lève le matin, on se maquille, on arbore son plus beau sourire que l'on va garder toute la journée, on ne montre rien, on traverse les appartements privés de la Maison-Blanche, et on salue froidement le président qui dort sur le canapé. » J'ai revu le couple Clinton plus tard, quand je l'ai interviewé en 2004. Lui a eu deux crises cardiaques et elle, qui est une incroyable combattante politique, a fait un petit AVC, ce que tout le monde a oublié. L'affaire Lewinsky n'est peut-être pas tout à fait étrangère à ces accidents de santé.

Comment les proches vivent-ils ces déballages ? Je pense toujours aux dommages collatéraux, qui touchent en premier lieu les enfants. Un jour, je prenais le train, en plein scandale Strauss-Kahn, l'affaire du Sofitel. Tout le wagon lisait des articles qui y étaient consacrés. En face de moi étaient assis deux des enfants de Dominique Strauss-Kahn. J'étais sans doute l'un des rares à les avoir reconnus, et je me disais *Mais comment supportent-ils ?* L'existence chaotique de leur père, le mot est faible, jetée en pâture dans les trains, sur la plage, dans les salons de coiffure, les salles d'attente du dentiste, partout... Comment les enfants de ces personnalités encaissent-ils l'intimité de leurs parents dévoilée au vu et au su de toute la France ? On n'imagine pas la violence de ces mises à nu pour les familles. J'ai toujours détesté la chasse à courre et, quel que soit le contexte, les meutes, ceux qui hurlent avec les loups.

Lorsque j'ai décidé, il y a vingt-cinq ans, d'inviter cinq à six personnalités politiques par an dans *Vivement dimanche*, Michèle Cotta, alors directrice de France 2, et son directeur adjoint Christopher Bardelli, m'ont donné carte blanche avec cette unique injonction : que les invitations soient équitables, que toutes les couleurs soient représentées. Je le leur ai promis. De la gauche à la droite, j'ai reçu toutes les nuances de l'échiquier politique : Delanoë et Sarko plusieurs fois, Giscard, Bayrou, Besancenot, Chevènement, Chirac, bien sûr, Mélenchon, Arlette Laguiller, Balladur… Jusqu'au jour où j'ai décidé d'arrêter les invitations politiques pour ne pas avoir à recevoir la famille Le Pen – compte tenu de mon histoire, c'était impossible.

L'idée était très simple : consacrer à une personnalité politique un *Vivement dimanche* entier, à savoir une heure et demie d'émission, et la faire découvrir aux téléspectateurs sous un jour différent. Le sous-titre aurait pu être : « Qu'avez-vous fait de vos vingt ans ? », excellent titre déjà utilisé par Christine Ockrent et Serge July. Ces femmes et ces hommes politiques me recevaient chez eux, dans leur fief régional. On allait à Belfort voir Chevènement, Balladur à Chamonix, avec Borloo on était à Valenciennes… C'est en préparant ces émissions que j'ai commencé à vraiment mieux connaître le milieu politique. Mes invités m'ouvraient leur porte, me montraient des choses qu'ils ne montraient pas aux autres, parce que je n'avais pas une démarche de journaliste politique, je n'étais pas du sérail. Je ne cherchais pas à les pousser dans leurs retranchements sur la petite phrase qu'ils avaient lâchée au dernier congrès du PS ou de l'UMP. Comme avec les chanteurs ou les acteurs, ce qui m'intéressait, c'était de savoir d'où ils venaient, leurs parents, l'importance de leurs racines, pourquoi ils s'étaient engagés, leur environnement, ce qu'ils aimaient, ce qui les faisait rire…

Cette démarche a changé mon statut, pourtant, au début, j'ai eu un mal fou à les convaincre. Et ne parlons pas du mépris des journalistes spécialisés, sur le mode « Qu'est-ce que c'est que cette opération de show-biz, qu'est-ce qu'il vient faire dans notre gamelle ? ». Les politiques, eux, se montraient plus que frileux, personne ne voulait prendre le risque de cet exercice médiatique différent. Le premier que j'ai sollicité, François Bayrou, qui est quasiment mon voisin de palier à Paris, a botté en touche : « Oui, pourquoi pas, on verra... » Finalement, Dany Cohn-Bendit a accepté d'essuyer les plâtres. Arlette Laguiller aussi a dit oui très vite. Mais c'est Martine Aubry qui a véritablement débloqué les réticences. J'avais la chance que ses parents apprécient mon travail et elle m'avait promis de venir. Nous avions calé une date, trois mois avant. Et la date tombe en plein débat des 35 heures, sa grande loi sur la réduction du temps de travail, le 24 octobre 1999. Un débat historique. Séances de jour et de nuit à l'Assemblée. Je me dis, *Elle va annuler*, mais elle me confirme : « Non, non, ne vous inquiétez pas, Michel, je serai là. » Elle est venue. Puis elle est retournée défendre son texte à l'Assemblée, et elle m'a fait une promo gigantesque en expliquant que *Vivement dimanche* était l'émission où l'on pouvait s'exprimer comme on ne pouvait pas s'exprimer ailleurs. On a même fait la une du supplément du *Nouvel Obs*. Après elle, tout le monde a accepté nos invitations. Mais cela a pris du temps – le temps, encore une fois.

À la même époque, je déjeunais souvent le dimanche à l'École militaire, où habitaient alors Ségolène Royal et François Hollande. Ils m'avaient pris en sympathie, et c'est là, en bavardant avec eux, que j'ai pris la mesure des inimitiés féroces, de la violence dans les relations du personnel politique. Ils ne se pardonnent rien, rien. Moi, je détonnais dans leurs rapports habituels avec les médias : pour la première fois, quelqu'un leur proposait une émission où on ne leur tendait pas de piège. À un moment, j'ai été tenté de m'« ardissoniser », de me « fogieliser » ; l'émission roulait bien, peut-être était-il temps de montrer aux éditorialistes de *Libé* ou du *Point* que j'étais capable de rentrer dedans, moi aussi. Je ne l'ai pas fait : à quoi bon subitement jouer les empêcheurs de tourner en rond juste pour montrer que j'en étais capable ?

Nulle part ailleurs il n'existe une telle rivalité dans la réussite. C'est dans ce milieu que l'on est capable des pires vacheries, des plus grandes violences. Jacques Chaban-Delmas, par exemple, en a payé le prix fort. On a fait courir les pires rumeurs pour le décrédibiliser alors qu'il voulait se présenter à l'élection de 1974, après la mort de Pompidou : qu'il était responsable de l'accident de voiture qui a coûté la vie à son épouse, qu'il ne payait pas ses impôts alors qu'il était président de l'Assemblée nationale… À l'époque, *Le Canard enchaîné* faisait loi, bien avant *Mediapart*. Résultat, son projet de « Nouvelle Société » a été enterré en même temps que ses ambitions présidentielles, il n'a même pas pu concourir. L'histoire des impôts non payés, c'était vrai, mais il n'avait rien commis d'illégal. On a raconté que Giscard, alors ministre des Finances, était à l'origine de l'affaire révélée par *Le Canard*… et Giscard a été élu. Sept ans plus tard, à son tour, Giscard a été victime d'une rumeur. Il pensait que c'était tout cuit, il n'a pas fait campagne, et le scandale des diamants de Bokassa, entre autres, lui a en partie coûté sa réélection. Comme, grand chasseur de fauves, il allait chasser en Centrafrique, l'amalgame a été vite fait. On dit qu'il n'y a pas de fumée sans feu, or souvent il n'y a pas de feu. Les bijoux qu'il a reçus de Bokassa, il les a gardés, comme tous les chefs d'État gardent parfois les cadeaux personnels qu'on leur offre. Avec cette défaite, Giscard a pris un coup de massue terrible, il ne s'en est jamais vraiment relevé. Je me souviens très bien des images de son départ de l'Élysée ; l'arrivée de Mitterrand, Giscard montant dans sa voiture, et Mitterrand n'attendant même pas que la voiture soit repartie pour entrer dans le palais. Je suis sûr que Mitterrand était déjà un dominant quand il était jeune. De tous les présidents de la Ve République, il était le plus cassant. Il avait une autorité silencieuse que je n'ai vue chez personne d'autre. C'était l'anti-Chirac. Aucun homme politique n'a été plus vilipendé, plus insulté, plus maltraité par la presse que François Mitterrand. Il a tracé son sillon et il est resté deux fois sept ans, après avoir défié de Gaulle en 1965, quand même. Chapeau. Toujours est-il que ce jour de mai 1981 Giscard a quitté l'Élysée sous des tombereaux de haine, des gens le sifflaient et même jetaient des pierres sur sa voiture, rue du Faubourg-Saint-Honoré… Pourquoi ? On ne sait pas. Il a fait une dépression. Il n'a plus lu la presse, il n'a plus écouté la radio, il n'a plus regardé la télévision. Un jour, il m'a dit : « Je ne savais même plus acheter une baguette de pain. » Dans ce métier, tout est œil pour œil, dent pour dent. Plus près de nous, la manière dont Emmanuel

Macron a piégé François Hollande l'illustre extraordinairement. C'est Hollande qui a mis Macron dans la lumière, en le nommant ministre alors que personne ne le connaissait ; et, alors que Hollande était toujours président, Macron, à la tête d'un des ministères les plus importants, l'Économie, préparait déjà la suite et son élection en 2017. Hollande n'a rien vu venir... il se méfiait surtout de Manuel Valls, son Premier ministre. La détestation entre Valls et Macron était palpable, ils en sont même presque venus aux mains dans l'hémicycle. Or, pendant que Hollande pensait que son rival était Valls, Macron a doublé tout le monde... Le vote Hollande en 2012, petite parenthèse, était surtout un vote anti-Sarko ; la campagne aurait duré deux mois de plus, Sarkozy aurait sans doute gagné, Hollande l'a emporté d'un rien. Et Sarko à son tour, comme Giscard, ne s'est jamais remis d'avoir été battu.

Parfois, cette cruauté porte moins à conséquence, c'est vachard mais drôle. Les épouses de ces grands fauves, qui n'ont pas leur langue dans la poche, ne sont pas les dernières à ce jeu ; je l'ai appris avec Bernadette Chirac. Elle était redoutable, mais avec un humour formidable ! Du temps où Dominique de Villepin était le secrétaire général de l'Élysée de Jacques Chirac, je devais aller la voir au palais pour préparer son premier *Vivement dimanche*, à quelques mois de la réélection de son mari. « Michel, me prévenait-elle, surtout passez par le côté de la rue de l'Élysée, le côté de mon bureau, comme ça, vous ne croiserez pas Néron. » Bernadette appelait Villepin « Néron ». Parce que c'est lui qui avait conseillé à Chirac de dissoudre l'Assemblée en 1997, ce qui a été une catastrophe pour son camp. Donc elle le détestait. « Vous n'avez pas croisé Néron, j'espère ? » était invariablement la première question qu'elle me posait quand j'arrivais dans son bureau.

Du côté des artistes, la plus grande rivalité, au couteau, se trouve chez les humoristes. C'est un ping-pong incessant, à qui piquera la vanne à l'autre. J'en sais quelque chose, parce que je les ai tous eus sur mon plateau. Ils ne se font aucun cadeau. Il n'y a pas plus angoissé que les humoristes et les comiques, hantés par la vanne qui fait un flop, la terreur de ne pas déclencher un éclat de rire toutes les trente secondes. Et en même temps, chose très étonnante, la plupart d'entre eux, ceux qui se paient les gens célèbres, ceux dont la marque de fabrique est de se moquer des autres, ne supportent pas que l'on se moque d'eux. Si on met en boîte un humoriste, il se braque, il ne veut pas être l'arroseur arrosé. De même si, dans un dîner, une soirée, une fête de famille, on lui demande de faire un sketch ou une imitation, il le prend très mal : « Attendez, je ne suis pas en train de bosser, là ! » Les humoristes sont d'une susceptibilité rare. Et ce sont les gens les plus tristes dans la vie, les plus sombres. Guy Bedos était très triste, Jean Poiret aussi. Il n'y a pas plus triste qu'un humoriste. Des clowns tristes. Dès qu'ils entrent sur scène, c'est différent. Mais une fois que le rideau retombe, c'est fini. Ils s'observent, ils se jalousent, ils épient le moindre sketch de leurs confrères ou consœurs, ils se fâchent... et ils se livrent une concurrence féroce.

La concurrence, voilà l'autre raison de la malveillance.

Parce qu'on a peur d'être remplacé, parce qu'on espère prendre la place de l'autre. Je ne citerai personne, mais les deux fois où ils ont su que j'étais dans un état de santé extrêmement fragile, certains producteurs sont venus réclamer ma place à la direction de France Télévisions.

Entre les chanteurs aussi, il peut y avoir une grande rivalité. Dans le sport, on se souvient de Prost et Senna, ou d'Anquetil et Poulidor. Dans la chanson, il y avait Sardou et Lama, qui étaient sur le même créneau. Ou encore Pierre Perret, qui n'avait pas une grande sympathie pour Georges Brassens, lequel, jaloux selon lui, n'avait pas vu d'un très bon œil l'ascension de ce petit jeune. Je ne sais pas si c'est vrai, ce qui l'est, assurément, c'est que Pierre Perret, ce n'est pas seulement *Le Zizi* et *Les Jolies Colonies de vacances* ; c'est aussi *Lily*, « qui vidait les poubelles à Paris », ou *Mon p'tit loup*, sur le viol, « t'en fais pas, mon p'tit loup/c'est la vie, ne pleure pas/ t'oublieras, mon p'tit loup/Ne pleure pas », deux grandes chansons. Des rivalités entre les chanteurs ont toujours existé, tous, notamment, voulaient être aussi grands que Johnny… or Johnny était au-dessus, une légende, bien que lui aussi ait eu des hauts et des bas. Nous nous sommes connus en 1964-1965. En 1966, je le retrouve sur l'émission de divertissement *Tilt Magazine*, sous la houlette de Michèle Arnaud. Pour la première fois seul sur scène devant deux mille personnes, en direct. C'était à Douai, dans le Nord. Tout le monde l'a oublié, mais Johnny, à ce moment-là, était au fond du trou. Il ne vendait plus de disques, Sylvie avait demandé le divorce à peine David né, il avait tenté de se suicider un mois plus tôt et sortait d'une cure de sommeil en Suisse. Et là, il revenait avec une chanson qui s'appelait *Noir c'est noir*, la reprise de *Black is Black* de Los Bravos. La chanson va devenir un tube énorme, mais au moment où on rentre de Douai tous les deux, à deux heures du matin, dans sa Ferrari, on ne le sait pas, évidemment. Il parlait peu, comme d'habitude, et à un moment je vois qu'on roule à 180, 190, il lâche des yeux l'autoroute en pleine nuit et se retourne vers moi : « Michel, tu crois que la chanson va marcher ? Que ça va repartir ? » « Johnny, à la vitesse à laquelle tu roules, on ne le saura jamais », je lui réponds. Mais j'ajoute : « Et moi, tu crois qu'on va me reprendre comme présentateur ? » « Ouais, continue à être gentil ! » On avait le même âge, vingt-trois, vingt-quatre ans, et les mêmes interrogations, la même angoisse de notre futur… On a souvent reparlé de cette anecdote, qu'il avait oubliée. Chaque fois, il concluait : « Tu vois, on est encore là ! On les a tous niqués ! »

Quand on critique la complaisance dans les médias, on parle d'un certain style de télévision, où les artistes viennent pour faire leur promo, donc personne ne va les allumer. Mais on parle beaucoup moins de la presse écrite, or on y trouve aussi des critiques plutôt généreuses. Robert Chazal, le critique cinéma de *France-Soir* à la grande époque de Pierre Lazareff, avait cette réputation d'être particulièrement complaisant. On n'avait pas de temps à autre un « bon Chazal », on avait toujours un « bon Chazal ». Sauf que… Chazal, comme beaucoup de critiques, rêvait de faire un film. Il avait écrit un scénario qu'il avait soumis à Melville. Sort le nouveau film de ce dernier, *Un flic*, avec Catherine Deneuve, Alain Delon et Richard Crenna. J'avais la chance de connaître Jean-Pierre Melville, de son vrai nom Jean-Pierre Grumbach, car il était l'oncle de mon copain Rémy Grumbach, le réalisateur des *Rendez-vous du dimanche*. Grâce à lui, je suis allé sur le tournage du *Samouraï*, du *Cercle rouge*, de *L'Armée des ombres*… Il se trouve que je déjeunais avec Melville le jour où paraît le papier de Chazal, qui descend le film. Il devient blême en me le montrant : « Regardez Michel, vous avez lu ça ? » Comme je m'étonne d'un tel étrillage de la part de Chazal, le cinéaste hausse les épaules. « Accompagnez-moi au bureau tout à l'heure, je vous montrerai le scénario que je lui ai refusé. » Il avait en effet dans son tiroir un scénario de Chazal…

À l'opposé, François Truffaut, qui écrivait dans *Les Cahiers du cinéma*, ne mâchait pas ses mots. Puis il est devenu réalisateur. Lorsque je l'ai interviewé sur le tournage de *La Nuit américaine* – bien avant de lui emprunter le titre de son si beau film, *Vivement dimanche*, avec Fanny Ardant et Jean-Louis Trintignant –, il a reconnu : « Quand je relis les critiques que j'ai écrites à l'époque, comment j'ai pu être aussi vache ? Maintenant, j'attends avec angoisse ce que l'on va écrire sur mes films. » Évidemment, il est toujours plus agréable, moins risqué d'avoir un papier dans *Gala* que de se faire étriller dans *Libération*.

Car il existe une presse écrite à charge. À l'époque, elle pouvait faire beaucoup plus de dégâts qu'on ne l'imaginait. De nos jours, je pense que cela n'a plus aucune importance : ce n'est plus la critique qui remplit ou qui vide les salles de cinéma ou de théâtre, c'était vrai autrefois, ça ne l'est plus. Il y a cinquante ans, une bonne critique de Jean-Jacques Gautier dans *Le Figaro* offrait l'assurance de remplir son théâtre pendant deux ou trois mois ; aujourd'hui, plus personne n'a cette influence. Cela n'empêche pas le besoin des artistes qui ont très bien réussi et n'ont plus rien à prouver d'être adoubés par la presse « intello », *Le Monde*, *Télérama*, etc., mais le mépris ou l'indifférence totale de ces médias n'empêchent pas de faire carrière. En revanche, cela peut créer une sorte de complexe. Une des plus grandes fiertés de Johnny était d'avoir eu, au bout de près de quarante ans, un très grand papier dans *Le Monde*, signé de l'écrivain Daniel Rondeau, devenu depuis académicien. Il me disait : « Tu as vu *Le Monde* ? Depuis, tout le monde m'appelle. » Non, Johnny, pas tout le monde : les gens qui lisent *Le Monde*. Mais ça flatte, on y voit une forme de consécration – en toute franchise, moi le premier. Le rapport de Jean-Jacques Goldman avec la presse, et notamment *Libération*, est à ce titre intéressant. La presse flinguait Goldman, traitement inversement proportionnel à son succès populaire, ses disques comme ses concerts, le jugeant trop populiste, trop facile, trop commercial. En pleine « Goldmania », fin 1985, Jean-Jacques, qui n'avait pas besoin de ça mais bon, ça l'agaçait, achète la dernière page du journal et s'offre une publicité : il reprend toutes les mauvaises critiques publiées sur lui, de *L'Événement du jeudi* à *L'Express*, du *Parisien* à *Rock & Folk* et *Libé*, donc, et au-dessous, à la main, à l'adresse de son public, il ajoute : « Merci d'avoir jugé par vous-même. » C'était la première fois que je voyais ça. Peu de temps après, nous préparons une émission ensemble. Serge July, alors patron de *Libé*, en a vent et m'appelle : « Écoute, mon fils est fou de Goldman, il rêve de le rencontrer, de faire une photo avec lui, je suis un peu gêné de te demander ça, mais puisque vous êtes copains tous les deux, est-ce que tu crois que… » Je le coupe : « Bien sûr, aucun souci, je préviens Jean-Jacques ! » Et Serge July et son fils se pointent comme si de rien n'était. Jean-Jacques fait la photo. En prenant soin que, derrière lui, on voie la page de *Libé* en grand… Il s'en fichait ; n'empêche qu'il a acheté une pleine page de pub dans le canard qui l'assassinait systématiquement.

Le *Libé* de l'époque avait une audience considérable. C'était juste avant le lancement de la Cinq, en pleine razzia de Berlusconi, qui avait obtenu de Bettino Craxi, le président du Conseil italien et patron du PSI, que ce dernier glisse son nom à Mitterrand, dont Craxi était proche. Et Mitterrand a accepté qu'une chaîne privée soit donnée à Berlusconi. Au grand dam du mieux-disant culturel, au grand dam de Jack Lang, inamovible ministre de la Culture : comment un homme de gauche pouvait-il faire venir en France Berlusconi et sa si vulgaire télé paillettes ? Mitterrand s'en moquait. Toutes les vedettes de la télé partaient à prix d'or chez Berlusconi, Sabatier, Poivre d'Arvor, Christian Morin, etc., et se faisaient dézinguer dans les milieux parisiens. J'étais le dernier à ne pas encore avoir pris ma décision. Serge July me rappelle : « Il paraît que Berlusconi t'offre un pont d'or. Tu vas y aller, bien sûr. » « Je n'ai pas pris ma décision, Serge. » « Ah ! Pourrais-tu réserver ta réponse en exclusivité pour *Libé* ? On en fera notre une. » Quelques jours plus tard, on se retrouve pour petit-déjeuner et je lui annonce que je n'y vais pas. « Vraiment ? Pourtant, le bruit court dans Paris que tu vas y aller parce que les sommes proposées sont astronomiques. » « Eh bien, les bruits sont faux. » Et j'ajoute comme ça : « Parce que ma mère n'aurait pas compris. » Pour la première fois, je me suis retrouvé à la une de *Libé*, photo en pied et gros titre : « Drucker dit non à la Cinq, “ma mère n'aurait pas compris” ». Je ne sais plus si je l'ai gardée, il faudrait que je cherche... Encore un bel exemple de médisance, de ce qui se colporte dans Paris : la rumeur courait, en effet, depuis des semaines, que j'avais déjà signé. En réalité, j'étais rentré d'Italie la veille – pour me convaincre, Berlusconi m'avait envoyé son jet – et j'avais filé directement dîner chez ma mère, comme tous les dimanches soir. Je n'avais pas osé lui dire pourquoi je revenais d'un aller-retour express en Italie, j'avais prétendu que c'était pour commenter un match de foot du Milan AC. Là-dessus, Jean nous rejoint. « Alors, Milan ? » Je lui montre le contrat en douce. Les sommes étaient réellement astronomiques, l'équivalent de sept millions d'euros en production annuelle pendant cinq ans. Un truc américain, faramineux. « Pour ce prix-là, que te demande-t-il de faire ? m'interroge mon frère. C'est la seule question qui se pose. » Il avait raison, bien sûr. J'ai rappelé Berlusconi, qui a fait monter les enchères. « Mais comment se fait-il, tu veux Singapour, tu veux en marks, en dollars, tu veux un paradis fiscal ? » « Non, non, Silvio. Je suis à la BNP, j'en suis très content. Et puis, tu es italien, tu as le sens de la famille, tu vas comprendre : le hasard veut que mon frère Jean vient d'être nommé patron de la 2, il devient mon patron, il a besoin de moi… je ne vais pas dire non à mon frère, n'est-ce pas ? » « Il vaut combien ton frère ? » Il voulait acheter mon frère aussi ! Mais pendant des semaines, j'ai été celui qui avait accepté l'inacceptable. Et c'était entièrement bidon. Que n'aurait-on dit si j'avais accepté… J'aurais été considéré comme un traître. C'est encore un peu le cas aujourd'hui. Travailler dans un groupe privé, TF1 ou un média appartenant à Bolloré, c'est forcément aller au plus offrant. Les salaires du service public, même les plus importants, ne sont pas comparables.

Une autre face de la malveillance est de s'attaquer au physique des gens. Or, dans nos métiers de paraître, l'apparence physique est ce que l'on juge en premier. D'ailleurs, dès qu'ils réussissent, les artistes confient leur look à un styliste. Les célèbres Repetto de Gainsbourg, ce n'était pas par hasard, les vestes de surplus de l'armée américaine, le jean troué, le moindre détail était très étudié, avec un professionnel. Ces looks évoluent avec le temps. Je ne me souviens pas que l'on se soit jamais moqué de mon physique, mais beaucoup de mon côté bon chic, bon genre. Avec mon look brushing, cravate, costard en velours, pochette, auquel ma mère tenait mordicus, j'étais considéré comme une espèce de gendre idéal, de mari idéal, jusqu'à la caricature. J'ai traîné cette image longtemps, très longtemps. On n'imagine pas aujourd'hui un présentateur de divertissement prendre l'antenne en costume croisé, habillé comme un monsieur – enfin, sauf pour la soirée spéciale du réveillon ! Quand je retombe sur des archives de ces années-là, je me dis *Mon Dieu, quelle tête j'avais !...* Johnny me chambrait régulièrement : « Enlève ta cravate, sinon je ne viens pas ! » Plus tard, il m'a surtout alerté sur ce point capital – Johnny avait une intuition extraordinaire : « Ce serait bien que t'aies encore l'âge des chanteurs que tu invites. » Tout était résumé dans cette remarque. Comment présenter les jeunes chanteurs et chanteuses de la nouvelle génération, qui pourraient être mes petits-enfants, si j'avais l'apparence de leur grand-père ? C'est pour cela qu'il y a quatre, cinq ans, j'ai décidé d'arrêter de présenter des émissions dites de variétés en prime time à vingt heures trente. Je ne me trouve plus crédible, c'est un boulot de jeune, ce n'est plus de mon âge. Dans d'autres domaines, chroniqueur politique, par exemple, l'âge importe peu. Alain Duhamel a quatre-vingt-quatre ans, Michèle Cotta, quatre-vingt-sept. Elkabbach a été à l'antenne jusqu'à plus de quatre-vingts ans. Et puis, on n'est pas le même à trente, cinquante, soixante-dix ans, et l'évolution n'est pas évidente... Claude François avait la hantise de rester un chanteur à minettes. Le côté blondinet, plaisant aux gamines, très jeunes, de plus en plus jeunes. Il savait que, pour durer, il fallait qu'il construise autre chose. Il avait lancé un journal, il avait une agence de mannequins, il voulait créer un genre de petit empire, mais ça a échoué parce qu'il n'était pas fait pour ça. Patrick Bruel a réussi exactement l'inverse. À ma connaissance, il est le seul artiste français à être à la fois une tête d'affiche au cinéma, au music-hall, au théâtre, à la télévision, où il génère toujours de grosses audiences, et un homme d'affaires avisé. Son huile d'olive et son rosé de Provence ont beaucoup de succès. Tout ce qu'il touche se transforme en or. Quand Montand est devenu acteur, il a arrêté de faire de la scène pendant vingt-cinq ans. Aznavour a fait une brève carrière au cinéma, mais il n'a pas fait de théâtre, il était surtout chanteur. Bruel, lui, coche toutes les cases. Et, comme Cloclo, sa hantise était d'être catalogué chanteur à minettes, avec ces fans qui hurlaient « Patriiiick » à tous les coins de rue quand il s'est imposé dans la variété, dans les années 1990. Il a construit autre chose, même si une certaine presse continue de le cantonner aux jeunes ados.

Il y a quelque temps, sur mon canapé rouge, justement en présence de Bruel, j'ai demandé à Luchini : « Est-ce que vous vous réjouissez des succès des autres ? » Et Luchini m'a répondu : « Sûrement pas ! Dès qu'un mec se vautre, je prends mon pied. On ne se réjouit que du succès de quelqu'un qui ne peut pas être un concurrent. Si c'est un concurrent, jamais. » Bruel était stupéfait de cette franchise. C'était pourtant assez bien résumer la jalousie qui prévaut dans nos métiers. Personnellement, je n'ai jamais raisonné ainsi. Je pense qu'il faut se réjouir du succès des autres, et j'irais même plus loin, il faut regarder ce que font les autres, surtout quand ils font mieux que vous. Il faut toujours apprendre de ceux qui sont meilleurs que vous. Toujours.

Je n'ai jamais été dans une logique de rivalité. Encore une fois, me constituer des ennemis ne correspond pas à ma nature. Et puis, j'ai un mantra : on verra sur la longueur. Rendez-vous dans dix ans. Ne jamais insulter l'avenir. Toujours l'obsession de la durée. La malveillance, la médisance, font avancer quand même. Ça prend du temps, mais on peut leur tordre le cou, et je suis convaincu que c'est sur la bienveillance qu'on dure, pas sur la malveillance, ni sur l'imposture.

La malveillance vient avant tout de la jalousie et j'ajouterais même d'une certaine forme d'ambition virile, d'une volonté à la Rastignac. Être tout en haut, écraser tout le monde. Je suis à l'opposé de ça. On m'a beaucoup taxé de naïveté, dans le meilleur des cas, de franchir les limites de la déontologie, dans le pire, étant à mi-chemin entre présentateur, intervieweur et ami… Ce n'est pas à moi d'en juger, mais j'aimerais qu'on y voie ce que Michel Onfray écrivait dans ce portrait pour *Paris Match* très important pour moi où il défendait l'idée que l'on prenait pour de la complaisance une forme de politesse dont on n'a peut-être plus l'habitude. Car si la malveillance a toujours existé, dans tous les milieux, la tendance s'est aggravée ces dernières années à la télévision, où tout repose sur la course à l'audience, devenue le seul mètre étalon. Là non plus, on ne donne plus de temps au temps. Il faut aller vite, toujours plus vite, vite faire le scoop, très vite grimper dans l'audimat parce que les petites audiences sont balayées. Cette tyrannie de l'audience, c'est la dictature de l'émotion. Cela donne une télévision violente, conçue pour attirer le plus grand nombre, qui crée une rivalité permanente. Palpable. Entre les gens qui font la télé, entre les chaînes qui les emploient. Les patrons des chaînes privées sont ivres de rage devant les résultats éblouissants, le mot n'est pas trop fort, du service public. Et ça ne va pas aller en s'arrangeant. À force de vouloir cibler les plus jeunes et la fameuse « ménagère de moins de cinquante ans » – que l'on désigne désormais de cette expression épouvantable : la « responsable des achats » –, ils ont perdu les autres tranches d'âge et perdu en puissance. Le service public, lui, s'adresse à tout le monde. Il peut diffuser à vingt heures trente un programme dont on sait qu'il ne fera pas des scores énormes car toutes les autres cases fonctionnent bien. Il y a une règle d'or en télévision, c'est ce que l'on appelle le « fond de grille ». Cela signifie faire des bons scores aux heures dites creuses de la journée. C'est fondamental : lorsque ce fond de grille est assuré, on peut se permettre de prendre des risques en prime time.

Cette concurrence féroce s'est accélérée ces dernières années, et pourtant il suffit de regarder *Illusions perdues*, le film de Xavier Giannoli, qui décrit avec brio la manière dont les journalistes passent leur temps à se critiquer les uns les autres de manière tristement médiocre, pour comprendre que rien n'a fondamentalement changé depuis Balzac... Derrière une prétendue objectivité, le monde médiatique reste une constellation de petites chapelles dédiées à l'ambition personnelle – l'opposé de ce que devrait être l'idéal du journalisme.

L'antidote consiste à tracer son sillon sans trop s'attarder sur tout ça. Ne pas chercher à être à la mode, dans l'air du temps. Le clash pour le clash, pour se faire remarquer, ça apporte peut-être une célébrité immédiate, mais ça ne dure pas. Deux saisons, trois saisons et on disparaît. Et puis il faut garder sa ligne, c'est-à-dire ne pas transiger avec les grands principes. J'ai pu être, non pas tenté, mais me poser la question de passer dans le privé, face aux propositions mirobolantes qu'on me faisait, mais je me suis dit : « Non, résiste. Ceux qui acceptent, on verra dans quelques années. » Quand je vois ce qu'est devenue la télé privée, je ne regrette pas d'avoir tenu ma ligne, à l'exception de cinq petites années sur TF1, où j'ai été bien traité et où j'ai beaucoup appris, parce que Philippe Guilhaume, le président d'alors, voulait me renvoyer du service public.

Ce refus de la malveillance, je l'ai appris aussi de ceux qui ont eu les plus belles, les plus longues carrières, comme Aznavour, qui me disait toujours : « Michel, il faut se hâter lentement. Il faut s'installer. Il faut que les gens s'attachent à vous, et ça, ça prend du temps. » Les gens ne s'attachent pas à vous quand vous êtes malveillant.

L'argent

Un médecin de campagne dans la France des années 1950, au fin fond du bocage normand, était certes considéré comme un notable, mais il ne roulait pas sur l'or. Foncièrement de gauche, le docteur Abraham Drucker était un homme désintéressé. Au lieu de faire payer ses malades désargentés, il leur faisait promettre d'économiser le prix de la consultation, de le mettre de côté dans une boîte, pour les études de leurs enfants. C'était l'époque de la SFIO, de Guy Mollet, de Pierre Mendès France, et la grande époque de *L'Huma* et du Parti communiste. Mes frères et moi avons grandi bercés par ces idéaux-là. À la sortie de l'ENA, Jean n'a pas choisi de faire carrière dans la finance, il est devenu haut fonctionnaire. Et Jacques, interne des hôpitaux, professeur de santé publique, n'est jamais parti exercer dans le privé, il est resté fidèle à l'hôpital public. Nous n'avons pas été élevés dans un monde d'argent. Je suis le premier de la famille, finalement, à avoir fréquenté assez tôt, non pas des gens d'argent, mais des gens qui en gagnaient beaucoup, même de manière éphémère.

Dans les années 1960, les années yéyé, l'argent coulait à flots, souvent non déclaré, beaucoup de choses se payaient au black, les comptabilités étaient plus fluctuantes, tout n'était pas informatisé, compté, vérifié, transparent comme aujourd'hui. Il était plus facile de frauder le fisc, de ne pas déclarer ses revenus. Sylvie, Johnny, Sheila... les jeunes chanteurs que je côtoyais étaient pour la plupart issus de milieux très populaires. Mireille Mathieu venait d'une fratrie de quatorze enfants, son père était maçon, carreleur, chargé des pierres tombales dans un cimetière d'Avignon. Et, d'un coup, ces jeunes chanteurs donnaient trois cents galas par an et étaient payés en une soirée ce que leurs parents gagnaient en une année. Ils vendaient des disques par milliers, voire par millions, ils ont généré des revenus considérables, même s'ils n'en ont pas toujours profité car ils étaient exploités. L'illustration la plus flagrante de cette exploitation, c'est Sheila. Les albums d'Annie Chancel, vendeuse de bonbons sur les marchés avec ses parents, s'arrachaient comme des petits pains, elle aurait dû être l'artiste la plus riche de cette génération et elle s'est retrouvée la proie d'un producteur sans scrupules. Il a été son pygmalion, il l'a lancée, grâce à elle il a empoché une fortune, et elle a découvert au bout de plusieurs années qu'elle était sa salariée ! Non seulement ces managers s'octroyaient des marges gigantesques, ne laissant que des miettes à leurs poulains, mais certains s'occupaient intégralement de leurs affaires et ont, entre autres, « oublié » de payer leurs impôts. Johnny a mis quarante ans à rembourser les impayés de son début de carrière. Son manager de l'époque, alors qu'il lui avait assuré s'en occuper, n'a ni déclaré ni réglé les deux premières années, où il vendait déjà énormément. Résultat, au bout de deux ans, Johnny avait un handicap d'un million et demi de francs. C'était colossal pour l'époque. Il dépensait sans compter, il n'avait pas la notion de l'argent. Il faut comprendre que ces jeunes gens sont passés du jour au lendemain de la 2CV de leurs parents à des tournées en Mercedes. Quand on vient d'un milieu modeste et que l'argent vous tombe dessus ainsi, subitement, il faudrait presque suivre un stage de rééducation. Personne n'est préparé à vivre une telle bascule, or le monde de l'argent est un univers extrêmement dangereux, piloté par des gens qui, eux, en maîtrisent parfaitement les moindres arcanes.

Ceux qui avaient pognon, pardon, pignon sur rue depuis longtemps savaient mieux assurer leurs arrières, la génération de Charles Trenet, de Tino Rossi. À mes débuts, un des premiers « ménages » que j'ai décrochés était l'animation d'un gala de Tino Rossi, en Bretagne. Son imprésario m'avait donné rendez-vous à la gare Montparnasse, directement à nos places, dans le train. En avance, j'arrive le premier dans le compartiment. Débarque le manager, et puis Tino. C'était un monument, Tino. Le Corse le plus célèbre depuis Napoléon, le *latin lover* à la voix roucoulante que tous les Français connaissaient grâce à *Petit Papa Noël*… j'étais dans mes petits souliers. Je me présente en tremblant, Tino me jette à peine un regard et se tourne vers son imprésario : « Bon, Eddy, tu as la mallette ? » Pour ce type de prestation, Tino Rossi était payé au noir ; s'il n'y avait pas le compte dans la mallette, ni une ni deux, il descendait du train. Et là, comme dans un film de Scorsese, j'ai vu la plus grande star de la chanson de charme de l'époque ouvrir la mallette, sortir les billets et les compter un à un, les sourcils froncés. Ça a duré, ça a duré ! Finalement, avec un petit hochement de tête et son accent à couper au couteau, il a lâché : « Le compte est bon, on peut y aller. » Eddy a prélevé, royalement – Tino ne m'avait toujours pas jeté un regard –, une poignée de billets qu'il m'a tendue, à peu près six cents euros d'aujourd'hui, ce qui était une grosse somme pour moi. Comme journaliste sportif à l'ORTF, je gagnais l'équivalent du Smic – j'étais le plus jeune et les salaires étaient proportionnels à l'ancienneté, pas des sommes folles de toute façon –, c'est l'arrivée de la publicité qui a fait augmenter les budgets de la télévision. Mais ça m'allait très bien, vivre tout ça était déjà tellement extraordinaire, j'avais deux pantalons, deux chemises blanches, le blazer et la cravate de ma première apparition tremblante à l'écran, j'étais heureux. J'ai appris ensuite que Tino Rossi investissait dans les lingots d'or. Une pièce au fond de son appartement en était remplie ! Il avait fait sa pelote, au cas où ça ne durerait pas.

Charles Trenet, lui, appliquait la méthode apprise de Maurice Chevalier : chaque fois qu'il gagnait cent francs en liquide, au black, il en mettait de côté la moitié dans une grande jarre réservée aux impôts. Il avait compris le piège : le Trésor public prélève avec un an de décalage. Si on n'a pas un an d'impôts d'avance, on ne le rattrape pas. Eux, c'était la vieille école. Mais la plupart de mes copains yéyé étaient des paniers percés. À vingt-quatre ans,

Johnny roulait en Jaguar type E ou en Ferrari et, à la fin des galas, contrairement à Tino Rossi, Charles Trenet et Maurice Chevalier, il payait pour tout le monde. Les musiciens, les techniciens, les copains… plus tout un tas de parasites qui se greffaient aux tablées d'après gala. Johnny était l'homme le plus généreux que j'aie connu. Il s'en fichait, il invitait, enfin la maison de disques invitait, ses contrats stipulaient que dès qu'il avait besoin de quoi que ce soit, on le lui donnait ; il n'a jamais compté, pas plus qu'il ne s'est méfié pour ses impôts. La célèbre « photo du siècle » de Jean-Marie Périer, dans *Salut les copains*, marque l'emblème de cette période faste et insouciante. Toutes ces jeunes vedettes en pleine ascension y figurent. Johnny un peu au-dessus, contre l'échelle, en « chef de famille », Sylvie, Cloclo, Hugues Aufray, Eddy Mitchell, Françoise Hardy, Sheila, Adamo, France Gall, Michel Berger, Dave, Gainsbourg… Christophe et Hervé Vilar, le premier avec *Aline*, le second avec *Capri, c'est fini*, les deux plus gros tubes du moment. Christophe en a fait beaucoup d'autres, *La Dolce Vita*, *Les Paradis perdus*, *Les Mots bleus*, écrits par Jean-Michel Jarre. Hervé et lui ont été assez prévoyants. Mais la majorité, comme Johnny, dépensaient sans compter, vivaient grand train, changeaient de bagnole tous les six mois. Un peu plus tard, dans les années 1970, Stone et Charden ont explosé toutes les ventes de disques. *L'Avventura*, *Made in Normandie*, *Le Prix des allumettes*, *Il y a du soleil sur la France*… ils sortaient tube sur tube. Pourtant, Éric Charden lui aussi est parti avec des dettes, des impôts impayés. J'ai vu tant d'artistes qui avaient gagné des fortunes se retrouver ruinés parce qu'ils n'avaient pas payé leurs impôts… Ou qui ont dû s'exiler, comme Michel Polnareff, lui aussi victime d'un homme de confiance malhonnête, et qui, rattrapé par le fisc, a été obligé de fuir aux États-Unis. Il a été blanchi rapidement, mais il n'a pas pu remettre le pied en France pendant vingt ans, cette histoire l'a bousillé. Il suffit d'écouter sa chanson, *Lettre à France*, écrite par Jean-Loup Dabadie, pour s'en rendre compte. Aznavour aussi, après avoir crevé la dalle, a eu de gros démêlés avec le fisc dans les années 1970, poursuivi pénalement pour fraude fiscale quand Giscard était ministre des Finances. Il a fini par bénéficier d'un non-lieu, mais il était tellement furieux qu'il est parti s'installer en Suisse. Il a redémarré de zéro, à presque cinquante ans.

Tout cela me troublait. Je côtoyais ce monde de paillettes et d'argent facile, mais, dans un coin de ma tête, je n'oubliais pas mon père, sa clientèle paysanne et ouvrière modeste ; l'événement que cela avait été le jour où il avait changé sa vieille 4CV, dans laquelle je l'avais si souvent accompagné faire sa tournée de visites quand j'étais gamin, pour une des premières 404. De toute façon, je ne risquais pas d'oublier. Pendant des années, j'ai appelé mes parents pratiquement tous les jours. Je comparaissais au tribunal de famille en permanence. J'avais peur qu'ils me regardent, qu'ils m'écoutent, car j'avais peur qu'ils me reprennent. Ma syntaxe, mon français, mes lacunes… À chaque coup de fil, le couperet tombait : grammaire approximative, vocabulaire pauvre, manque de culture… Mon père, surtout, y allait fort. Comme cette fois où je lui ai téléphoné après une émission de l'après-midi, je ne me rappelle plus laquelle, mais c'était à une période où ça commençait à marcher vraiment bien ; il m'a demandé comment ça allait et je lui ai répondu que j'étais fatigué. « Tu as quel âge, déjà ? Trente ans ? Et tu es fatigué ? Moi, j'en ai soixante-dix, je me suis levé trois fois cette nuit, j'étais de garde, je suis allé faire deux accouchements au fin fond de la campagne, est-ce que tu m'entends dire que je suis fatigué ?... » Et il a ajouté : « Tu sais ce que c'est, la vie d'une infirmière ? Tu sais combien elles gagnent ? Tu gagnes très, très bien ta vie, alors, de quoi te plains-tu ? »

Sur le coup, sa sortie m'avait glacé, mais il avait raison : il y a une échelle de valeurs, et être passé du côté des privilégiés n'autorise pas à le perdre de vue, au contraire. Jean-Jacques Goldman incarne l'exemple de la star qui n'a jamais perdu de vue cette réalité. Il y a de nombreux points communs dans les parcours de nos parents. Son père, Moshé Goldman, immigré juif d'origine polonaise, ancien mineur, arrivé en France dans l'entre-deux-guerres, résistant, ex-communiste... Mes parents n'étaient pas communistes, mais, comme le mien, son père répétait à Jean-Jacques : on ne se met pas en avant ; rien d'ostentatoire, respect de la France qui nous a accueillis, on bosse et profil bas. Cette injonction paternelle est restée ancrée en nous. Et Jean-Jacques, qui a une carrière phénoménale, entre ses propres chansons et les dizaines de tubes qu'il a écrits pour les autres, dont *L'Envie d'avoir envie* pour Johnny et ceux de l'album *D'eux*, de Céline Dion – l'album francophone le plus vendu de l'histoire de la musique –, est l'incarnation de l'antistar. Quand il a rencontré Nathalie, la deuxième femme de sa vie, qui, je crois, préparait une thèse en mathématiques, il a tout lâché pour s'installer à Plan-de-Cuques, en banlieue de Marseille, dans le trois-pièces qu'elle occupait avec une de ses filles. Jean-Jacques vit normalement. Tant de modestie et d'altruisme n'étonnent pas ceux qui le connaissent, c'est quand même lui qui a écrit la chanson des Restos du cœur, et les Restos du cœur, ce n'est pas rien. Je n'oublierai jamais qu'il m'a demandé de participer au clip. Nous chantions tous en chœur « Aujourd'hui on n'a plus le droit ni d'avoir faim ni d'avoir froid »... Et Jean-Jacques me faisait dire : « J'ai pas mauvaise conscience, ça m'empêche pas de dormir, mais pour tout dire ça gâche un peu le goût de mes plaisirs. » Une fois où j'allais l'écouter au Palais des Sports, déjà au sommet de sa carrière, j'étais venu plus tôt pour le saluer dans sa loge avant le spectacle. « Ah mais M. Goldman n'a pas de loge, il arrive au dernier moment », me dit-on. Dans la salle, trois mille cinq cents personnes scandaient « Jean-Jacques ! Jean-Jacques ! ». Le concert débutait à neuf heures, à neuf heures moins le quart il n'était toujours pas là, il est arrivé à neuf heures moins dix dans la Peugeot d'occasion de sa femme, il est monté sur scène habillé tel qu'il l'était en sortant de la voiture, blouson, baskets, jean, bandana, et il a chanté deux heures. À la fin, j'ai filé dans les coulisses à toute vitesse pour le féliciter car je savais qu'il repartait tout de suite après le dernier rappel. J'ai à peine eu le temps de l'embrasser qu'il remontait dans sa voiture ; une demi-heure après, il était chez lui, près de ses enfants. Il habitait Montrouge à l'époque. Il sortait de scène à onze heures et demie ; à minuit, il regardait le dernier journal du soir dans son canapé. Dupe de rien, Jean-Jacques est l'un des rares artistes de cette stature que le succès et la fortune n'ont pas entamé.

Certains, mais ils sont une minorité, sont nés riches et le sont devenus encore plus. C'est le cas de Julio Iglesias. Issu d'une famille de la grande bourgeoisie – son père possédait une clinique gynécologique à Madrid –, il a fait des études avant de se lancer dans la chanson de charme. Après un accident de voiture très grave, qui lui a laissé la colonne vertébrale en vrac, il a commencé à apprendre la guitare sur son lit de douleur, et il est devenu le *latin lover* le plus célèbre de la planète. Il a vendu trois cents millions d'albums, mais ses investissements lui ont rapporté bien davantage. Des fans, épouses d'hommes d'affaires, lui ont fait rencontrer leurs maris. De gala privé en gala privé pour eux, les maris, flattés de fréquenter une star, lui ont proposé d'entrer dans leurs tours de table, et il est devenu actionnaire de groupes immobiliers. Cela ne l'a pas déstabilisé d'évoluer dans ces milieux d'argent : grâce à son éducation, il connaissait.

Mais dans la plupart des cas, dans nos métiers, l'afflux d'argent subit bouleverse tous les équilibres. Le meilleur moyen de garder les choses plus saines consiste à choisir de confier la gestion de ses affaires à un proche. À ses parents, à son frère, à un copain d'enfance… à des personnes de toute confiance, qui vous ont connu avant tout ça, qui savent qu'un sou est un sou, et défendent vos intérêts sans pouvoir être soupçonnés de faire leur beurre sur votre dos. Robert Goldman, par exemple, le frère de Jean-Jacques, gère ses affaires. Moi, c'est mon beau-frère Philippe Alain, le frère de Dany, lui aussi un parfait autodidacte devenu un gestionnaire hors pair, qui me protège et dirige ma petite société de production, DMD (pour Dany et Michel Drucker), où nous sommes très peu nombreux, d'ailleurs. Mais, au-delà du cercle intime, la fortune engendre exactement les mêmes réactions que la notoriété. On peut remplacer le mot « célèbre » par le mot « riche » – logique, puisqu'ils vont généralement de pair. « Maintenant qu'il est riche, il ne nous regarde plus, il a changé avec nous. » Encore une fois, non, on n'est pas devenu un autre, mais comment expliquer à ses copains d'origine modeste que, tout d'un coup, on gagne des mille et des cents ?

Il y a cinquante ans, je venais d'être engagé sur RTL, radio privée, qui payait donc beaucoup mieux que le service public. Je suis interviewé pour *Télé 7 jours* et le journaliste m'interroge : « Combien gagnez-vous par mois ? » Je joue la transparence, comme aux États-Unis, et je réponds, je ne sais plus exactement la somme, peut-être l'équivalent de deux mille cinq cents euros, c'était considérable pour l'époque, aujourd'hui il faudrait multiplier par au moins dix. Le journal a reçu des tonnes de lettres d'insultes, sur le mode « Mais comment ose-t-il dire ce qu'il gagne ? ». Depuis ce jour-là, je n'ai plus jamais dit un mot sur ce que je gagnais. Plus jamais. Parce que, de toute façon, quand on commence à être célèbre dans ce métier, on gagne beaucoup d'argent, et c'est toujours trop par rapport aux gens qui ont des vies modestes. Ça peut s'arrêter, mais on gagne extrêmement bien sa vie. Même mon père m'a téléphoné et une fois de plus m'a engueulé : « Tu n'as pas honte, qu'est-ce que tu as à te vanter de gagner de l'argent ? » C'est là que j'ai compris que l'argent est un sujet tabou en France.

Même pour soi, réaliser que désormais on peut non pas dépenser sans compter, mais que ce que coûtent les choses ne pose plus question, est compliqué. On rêvait de posséder un appartement, un toit à soi, dans un quartier agréable, une petite maison de campagne, mieux, même, une maison au soleil… et, un jour, on peut avoir tout ça. Là, on prend conscience qu'on est passé de l'autre côté. Qu'à son tour on a les moyens de faire travailler des maçons, des menuisiers, des couvreurs, des électriciens, des carreleurs, des artisans locaux pour construire sa maison telle qu'on l'avait rêvée. L'écueil, alors, c'est de perdre le contact avec le réel. La frontière est très ténue, il faut faire attention, parce qu'il n'y a plus vraiment de limites : un, deux, trois nouveaux costumes, une nouvelle voiture, des vacances en première classe ou un week-end dans un palace au débotté, toutes ses envies, tous ses caprices, on peut se les offrir, cela ne met pas en péril ses économies. Ma parade, mon indispensable garde-fou est de garder quoi qu'il arrive un lien très fort avec la France des régions, la vraie France, celle où j'ai grandi, celle de mon père médecin de campagne. Cette France-là, lorsqu'on commence à vivre dans une grande aisance, on a tendance à l'oublier, comme mon père me l'avait fait vertement remarquer ce jour où je m'étais plaint d'être fatigué.

Quand on devient célèbre, on est invité de tous les côtés, dans les résidences secondaires ou sur le bateau d'un copain chanteur, dans les meilleurs restaurants des villes que l'on traverse... Cette aisance procurée par la notoriété fait rencontrer des gens très riches, qui, eux, ont franchi encore un autre cap. Et l'équilibre entre ces univers si éloignés est délicat à conserver. Gagner cent mille euros par an, un million, dix millions, cent millions... À un moment, l'unité de mesure devient vertigineuse. Par rapport aux années 1960 de mes débuts, c'est sans commune mesure : tout a changé de proportions. Les chanteurs stars sont désormais producteurs ou coproducteurs de leurs spectacles. Mylène Farmer ou Soprano « vendent » cinq stades en une demi-matinée. Bruel remplit en un jour trente villes sur les soixante-dix dates de sa tournée, des salles de cinq mille personnes. C'est comme les rémunérations extravagantes des footballeurs ou des basketteurs, qui rapportent des fortunes encore plus inimaginables en publicité, en audience, en sponsoring, en produits dérivés, en billetterie... Parce qu'ils font rêver les gens. Tous les gosses de banlieue rêvent de devenir Mbappé, l'enfant de Bondy qui n'a jamais oublié d'où il vient. Aujourd'hui le sport est, avec le rap, le seul domaine où faire fortune n'est pas regardé d'un mauvais œil par les jeunes. Parce qu'ils se projettent, s'identifient, parce que ces stars-là, multimillionnaires, au départ viennent de la même vie que la leur. Quant aux hommes d'affaires, il suffit d'un œil sur le classement *Forbes* des grandes fortunes pour constater que les écarts de richesse n'ont jamais été aussi importants. De plus en plus de gens ne s'en sortent pas, mais, bizarrement, jamais les riches n'ont été aussi riches. Ceux qui connaissent bien ces milieux expliquent que, la plupart du temps, il y a un loup ; quand je dis un loup, je veux dire qu'ils ont eu une chance insolente, ou qu'ils n'ont pas été blanc-bleu, ou très bien conseillés, ou qu'ils ont trouvé un système pour ne pas payer les impôts qu'ils devraient… Plus on est riche, plus on peut s'offrir les services de grands fiscalistes qui mettent au point des montages tels que la fortune ne cesse d'augmenter, apparemment de façon légale. C'est pour ça que j'ai toujours été plus à l'aise avec Monsieur Tout-le-monde qu'avec les super riches.

Je fais partie de ceux qui pensent que payer ses impôts est notre dû à la société. Notre école, notre hôpital, notre protection sociale, notre justice, notre culture : nos biens communs sont financés par l'impôt. Je trouve absolument normal d'en payer. Même beaucoup. Soyons honnêtes, et réalistes. Quand on gagne beaucoup d'argent, même si on paie cinquante pour cent d'impôts, ce qui reste est déjà tellement important qu'essayer de frauder le fisc, de trouver tous les moyens de s'y soustraire, s'exiler à l'étranger, accepter des montages financiers incroyablement compliqués pour bénéficier d'un paradis fiscal, quelle indécence. Combien de fois m'a-t-on proposé de m'installer en Belgique ou en Suisse… Vous m'imaginez vivre en Suisse pour des raisons fiscales ? Mes parents meurent une seconde fois. Vis-à-vis d'eux, de leur mémoire, imaginer un instant que l'un de mes frères ou moi aurait pu partir au Portugal, en Suisse, en Belgique ou en Irlande afin de payer moins d'impôts, ç'aurait été une bien curieuse manière de remercier la France de nous avoir faits français en 1937. L'exil fiscal, c'est la maladie des riches. L'addiction du « toujours plus ». L'avidité. Gavons-nous encore davantage. Pourquoi ? Pour avoir un yacht plus important que celui du voisin ou deux jets alors que lui n'en a qu'un ?... Ça tourne à vide, c'est infantile. Quand on gagne moins bien sa vie, je comprends qu'on s'estime trop prélevé, mais ceux qui engrangent des fortunes, les multinationales, les grands groupes... À ceux qui font des profits considérables, qui, certes, bénéficient à leurs actionnaires, je préfère le choix d'un Bernard Darty, cofondateur et ancien président de la marque d'électroménager bien connue, pour laquelle il avait créé le « contrat de confiance », qui avait distribué des actions à ses employés et même provoqué leur rachat de l'entreprise, plutôt que de la laisser partir dans des mains étrangères. Ou celui d'un Bernard Giberstein, le créateur des bas Dim, qui fut l'un des premiers à intéresser ses employés aux bénéfices de l'entreprise et à établir l'égalité salariale hommes-femmes.

De toute manière, le rapport à l'argent, quand on n'en a pas eu avant d'en avoir beaucoup, est un rapport complexe. Il y a ceux que ça rassure d'étaler les signes de leur réussite. Bernard Tapie en était l'incarnation : « Regardez-moi, j'étais pauvre et voyez ce que je suis devenu. » Ça, c'est une démarche à l'américaine. Le petit étudiant qui lave les Rolls-Royce et les Bentley à la sortie d'un palace de Hollywood, il se dit : *Un jour, c'est moi qui aurai cette voiture*. Il n'est pas du tout jaloux du millionnaire qui la possède. Aux États-Unis, raisonner ainsi manifeste une ambition légitime. En France, on aura plutôt tendance à rayer votre carrosserie. Et rares sont ceux qui revendiquent de vouloir devenir riches. Il y a ceux qui, au contraire, ne veulent montrer aucun signe extérieur de richesse. Ceux-là, en raison de leur enfance, de leur éducation, sont mal à l'aise avec l'argent. Souvent, ils viennent d'une culture de gauche et ne savent pas comment résoudre l'équation. L'axiome selon lequel on ne peut être de gauche et riche est grotesque, mais c'est vrai que se revendiquer de gauche et jouer les châtelains, ça la fout mal. Être de gauche et ne pas afficher de signes ostensibles de réussite spectaculaire me semble plus cohérent. Ivo Livi alias Yves Montand, par exemple, pendant longtemps le symbole de l'artiste engagé, le premier aussi à avoir dénoncé ce qui se passait de l'autre côté du rideau de fer alors que jusqu'à ce voyage dans les pays de l'Est, en 1957, il votait communiste, eh bien, Montand n'était pas un authentique homme de gauche. Il roulait en Ferrari, perdait des sommes folles au poker avec le baron Empain, Philippe Bouvard et quelques autres copains du métier fous de ce jeu. Et le lendemain, il allait manifester aux côtés des ouvriers et des réfugiés politiques. J'ai toujours vu comme une sorte d'hypocrisie dans cette posture. La gauche caviar, ça n'a jamais été ma tasse de thé. C'est pareil en politique. En France, les figures politiques tombent souvent pour des problèmes d'argent. François Fillon, qui avait tout pour être élu président de la République en 2017, est mort politiquement à cause de son rapport à l'argent. Quasiment tous les grands scandales politiques éclatent sur un abus de bien social. Quand ça touche des personnalités de gauche, ça scandalise encore plus. D'un homme de droite, proche des milieux d'affaires, on est moins surpris. Mais quelqu'un engagé à gauche, qui a donné des leçons à la terre entière et se retrouve pris la main dans le pot de confiture, ça fait désordre.

Et puis il y a la nouvelle génération des rappeurs, qui connaissent des réussites exceptionnelles, comme Gims, qui a vécu dans un squat avec sa famille et qui une génération plus tard remplit le Stade de France. Ceux qui viennent des quartiers n'ont jamais oublié. Souvent, leur maman était femme de ménage, leur papa ouvrier d'usine. C'est la chanson de Daniel Guichard, *Mon vieux* : « Dans son vieux pardessus râpé, il s'en allait l'hiver, l'été, dans le petit matin frileux, mon vieux »... Toute la vie d'un jeune travailleur, qui s'interroge sur ce qu'il va devenir, est contenue dans cette chanson magnifique. Comme on retrouve l'enfance d'Enrico Macias dans *Les Gens du Nord*, de Pierre Bachelet dans *Les Corons* ou de Serge Lama dans *Les Ballons rouges*, « Je n'ai pas eu de ballons rouges quand j'étais môme dans mon quartier... ». Ces chansons sont des chansons de loyauté, d'attachement à la famille, aux parents, à ses racines.

Pourtant, quand viennent le succès et l'argent, souvent l'entourage change. La compagne des débuts, des vaches maigres, est remplacée par une autre, avec qui se montrer signe aussi un symbole de réussite. Le grand classique : il est mieux de monter les marches de Cannes au bras d'une petite jeune. C'est très étrange, ce phénomène. Tout comme l'effet mouton de Panurge. L'été, il y a comme une injonction tacite à se retrouver entre soi, sur la Riviera italienne ou à Saint-Tropez. On n'imagine pas le nombre de gens du métier, acteurs, chanteurs, hommes de télévision, pour qui le *must* de la réussite consiste à posséder une maison à Saint-Tropez. Si caricaturale qu'elle soit, la légende Saint-Trop' reste bien vivace – BB et la Madrague, le champagne qui coule à flots, les nuits folles… On joue aux boules place des Lices et, surtout, on est vu avec Untel et Untel. Car c'est pour cela que l'on y va : être vu – histoire, aussi, de grapiller la une de *Voici* ou de *Closer,* dont ces réunions de *beautiful people* constituent le fonds de commerce estival. S'ennuient-ils tellement en vacances qu'ils n'ont de cesse de retrouver les gens qu'ils voient toute l'année à Paris ? L'autre lieu de villégiature très prisé et très chic, c'est l'île de Ré, plus intello, plus bobo, plus discrète. À l'opposé, on trouve ceux qui ne font jamais parler d'eux – eux appliquent l'adage « Pour vivre heureux, vivons cachés » et se réfugient là où ils allaient en vacances avant d'être célèbres. Comme Souchon et Voulzy, en Bretagne, où ils vont écrire leurs chansons. Ou Cabrel, qui vit depuis près de quarante ans à Astaffort, près d'Agen, où il a grandi.

Au-delà des signes extérieurs de richesse, il me semble que c'est dans notre rapport à la vie quotidienne qu'on appréhende le mieux la relation que nous entretenons avec l'argent. J'ai eu un seul diplôme scolaire dans ma vie, un brevet d'enseignement commercial. Il y avait eu erreur d'aiguillage, on m'avait envoyé à Caen, dans un lycée technique, pour apprendre la sténodactylo. Une classe entière de filles en blouse rose et deux types qui tapaient à la machine, le fils de la directrice et moi. Tout en essayant d'apprivoiser les secrets de la frappe rapide, je rêvais d'un blouson en daim que j'avais repéré dans une boutique du centre-ville un soir après les cours. Il m'a fallu économiser pendant un an avant de pouvoir me l'offrir, mais ce jour-là, qu'est-ce que je me suis senti fier ! Mon premier luxe… qui m'a fait, rétrospectivement, bien plus d'effet que le jour où j'ai pu m'acheter des costumes de grand couturier. Plus tard, alors que je débutais à la télé, encore inconnu, et allais présenter des galas en province, les organisateurs me logeaient dans l'équivalent des Formule 1 d'aujourd'hui, des petits hôtels qui accueillaient les représentants de commerce de passage. Et puis, la notoriété venant, on vous réserve une chambre dans un trois-étoiles, puis dans un cinq-étoiles, et là vous découvrez que ces hôtels sont pourvus d'un spa, de deux piscines, de masseurs, de kinés, d'une noria de serveurs aux petits soins, où vous pouvez déguster ce que vous voulez, les mets les plus délicats, les plus chers… Bien sûr, on finit par s'habituer à ce confort sans frein, et pourtant il y a des moments où je me dis que j'étais finalement très heureux avant tout ça, quand je dormais dans des Formule 1 après les galas et que j'habitais dans mon petit studio boulevard Pasteur, derrière la tour Montparnasse, quelques étages en dessous de Michel Rocard. J'y vivais au moment où Claude Lelouch allait produire le film *Ça n'arrive qu'aux autres*, l'histoire de Nadine Trintignant, qui avait perdu un enfant de la mort subite du nourrisson, un des drames de la vie des Trintignant, avant la tragédie de la mort violente de Marie. Nadine Trintignant réalisait ce film dont Marcello Mastroianni et Catherine Deneuve étaient les vedettes. Lelouch, mon copain de toujours, me dit : « Je cherche un petit appartement, pour tourner un huis clos, pendant une huitaine de jours, tu ne vois pas qui pourrait avoir ça ? » Je lui propose de venir voir le mien. C'était exactement ce qu'il lui fallait. Il me l'a loué, ce qui m'arrangeait bien, et pendant huit jours je suis retourné habiter chez ma mère, qui m'avait succédé place Clichy. Deneuve et Mastroianni se sont connus dans ce studio. Je soupçonne fort que leur coup de foudre est né là… Un coup de foudre tel qu'ils restaient même dormir sur le lieu de tournage. Dans ma chambre, donc. Lorsque j'ai récupéré les clefs, Mastroianni m'a dit : « Michel, sois gentil, change de sommier. » Les coïncidences, les destins qui se croisent, se recroisent, se retrouvent… c'est le cœur de l'œuvre de Claude et cette histoire est tellement lelouchienne ! Nous en avons partagé bien d'autres, dont celle-ci, pour laquelle j'ai une tendresse particulière : bien avant *Un homme et une femme*, à dix-huit ans, alors qu'il effectuait son service militaire comme caméraman en rêvant de devenir metteur en scène, Claude décide, un week-end de permission, d'aller tourner un court métrage à Honfleur sur les amours enfantines de deux adolescentes. Ça durait dix minutes. Il cherchait la copine de l'héroïne de ce duo, une jeune fille de quatorze, quinze ans. En se promenant au bord du bassin, près de la Lieutenance, il en voit une, avec des tresses, devant un café : « Je suis metteur en scène, est-ce que tu accepterais de venir tourner dans mon film demain et après-demain ? » « D'accord, mais il faut que je demande la permission à ma grand-mère. » La grand-mère tenait une parfumerie à deux pas du bassin, et cette petite adolescente, c'était Dany, ma future épouse… Le plus fou est que nous nous sommes rendu compte récemment que j'étais élève au même moment au lycée d'Honfleur, nous aurions pu nous rencontrer quinze ans plus tôt !

À l'époque du boulevard Pasteur, j'étais célibataire, je ne pensais qu'au boulot, la rue Cognacq-Jay était à quelques encablures de Montparnasse, derrière la tour Eiffel. Ma mère venait s'occuper de moi, elle m'avait installé des doubles rideaux, et j'avais investi mes premiers sous dans un canapé Roche Bobois. J'adorais ce studio, je commençais à gagner correctement ma vie, j'étais très fier de cette indépendance. Je faisais mon lit, le ménage, la vaisselle, et je repartais travailler après avoir avalé un potage en sachet et des vermicelles ou des œufs à la coque, des cornichons à la russe, une tranche de jambon et un yaourt. C'était le contraire de l'opulence, mais j'étais heureux comme un roi. Je n'ai jamais retrouvé ce plaisir-là, ce plaisir tout simple de me préparer des œufs à la coque et une soupe en sachet. Quand je suis retourné voir mon studio à Montparnasse, j'ai pris conscience que ce souvenir-là avait plus de force, dans ma mémoire, que mon premier restaurant étoilé. Je sens encore sous mon palais le goût de la soupe, qui est pour moi celui de la liberté.

J'ai compris Céline Dion en allant visiter sa maison

d'enfance, à Charlemagne, dans la banlieue de Montréal. La famille de Céline était très pauvre. Ils étaient quatorze frères et sœurs, et comme ils manquaient de place, le soir, ils vidaient les tiroirs des rares commodes, y posaient un oreiller et chaque tiroir ouvert servait de lit pour un gamin. Le matin, ils enlevaient les oreillers et remettaient les vêtements dans les commodes. Très vite, Céline est devenue une star mondiale. Un jour, au début de sa gloire, je la rejoins dans je ne sais plus quel palace, je bavarde en l'attendant avec une femme de chambre, qui m'explique, éberluée : « Vous savez, Mme Dion fait sa chambre ! » La femme de chambre arrivait, et Céline attrapait l'aspirateur en disant : « Non, non, laissez, j'ai l'habitude ! » Au fil du temps, ça lui est sûrement passé, mais c'est fou de penser que malgré le tourbillon de succès dans lequel elle était entraînée, elle avait gardé ce réflexe. Une autre fois, je l'accompagnais en Suède et en Allemagne. Dans l'avion, elle feuilletait des magazines chic de linge de maison, de vaisselle, etc., et elle découpait des pages, des pages, je me demandais bien pourquoi. Quelque temps plus tard, elle m'invite chez elle à Miami et je retrouve à table tout ce qu'elle avait découpé dans l'avion. Des verres en cristal, des fourchettes, de la faïence, de l'argenterie... Tout ce qui lui plaisait, tout ce qui l'avait fait rêver jeune, elle le commandait. Des fauteuils, des commodes, un dressing avec cent cinquante paires de chaussures, cent ceintures... Sa maison ressemblait à un show-room, c'était très curieux. Il faut comprendre que ce rapport à l'argent, la première fois où elle a eu une maison à elle ou des gens pour s'en occuper, s'offrir tout ce qu'elle voulait sans compter, la ramenait à son enfance, dans la maison exiguë de Charlemagne.

On ne peut pas s'inscrire dans la durée si on occulte son passé, et la durée ne peut se concevoir qu'avec un œil dans le rétroviseur : là où sont tapis les sensations, les contacts avec les gens, les paysages de nos premières années qui nous ont modelés. J'ai toujours éprouvé ce besoin, et aujourd'hui encore, de revenir dans les endroits qui ont marqué ma jeunesse. Sur la plage des Sables-d'Olonne, où j'étais moniteur de colonie de vacances. À Honfleur, au lycée Albert-Sorel où je suis resté six mois ; j'avais eu une aventure avec la fille de l'aubergiste, ça s'était su dans la ville et on m'avait fichu dehors… À Granville, où j'allais faire du camping avec Jean pendant les vacances. Dans les petits bourgs où j'accompagnais mon père visiter ses patients. À Plémet, dans les Côtes-du-Nord, là où ma mère, Jean et moi étions cachés pendant la guerre, pas loin de la petite entreprise de bois des débuts de François Pinault. À Caen, chaque fois que j'y passe, j'aime aller fouler le sable des plages du Débarquement. Et à Vire, bien sûr. Quand je suis retourné dans notre maison, place de la Gare, la cour m'a semblé petite, si petite, alors que dans mon regard d'enfant, elle paraissait gigantesque. C'est curieux comme revenir dans les espaces de l'enfance modifie la taille des choses. Ce retour aux sources n'est pas chez moi de la nostalgie, mais ma façon de garder les pieds sur terre, de ne pas oublier, parce que le danger de la réussite, c'est l'amnésie. Or, finalement, quels que soient les oripeaux du succès, on reste ce qu'on a été, ce qu'a été son enfance.

Même si, personnellement, je n'aurais pas pu revenir vivre à Vire où je n'ai pas été heureux du tout, souvent, les célébrités achètent la maison où ils ont grandi, ou la demeure du village, la ferme qui les faisait rêver gamin. L'histoire de Claude Lelouch – encore lui – est à ce titre extraordinaire. Né d'un père d'origine algérienne et d'une mère normande, Claude a grandi en Normandie, dans le Calvados comme moi, mais du côté de la mer. Il y avait, sur les hauteurs de Deauville, une maison devant laquelle il passait quand il était môme. Cette maison, il en rêvait. Des années plus tard, à trente ans, il décroche deux Oscars à Hollywood pour *Un homme et une femme*. Il rentre d'Amérique couvert d'or, et retourne devant la maison. Il sonne, se présente, et dit à la propriétaire : « Si un jour vous voulez vendre votre propriété, j'aimerais bien l'acheter. » « Ça alors, s'exclame-t-elle, c'est incroyable ! On vient de la mettre en vente ! Vous êtes solvable ? » Et Claude a acheté cette maison qu'il habite toujours. C'est là qu'il a écrit et préparé tous ses films. Il y a fait ajouter une véranda qui donne sur la Manche où Ventura, Brel, Annie Girardot, Anouk Aimée, Jean-Louis Trintignant... tous ses acteurs sont venus travailler.

Lorsqu'on a bien gagné sa vie et su épargner, c'est rassurant. Comme dans n'importe quel métier, mais encore plus dans les nôtres, où rien n'est acquis, où les carrières peuvent décliner inexorablement. Si on a su n'être pas trop cigale, le jour où ça s'arrête, on n'est pas à la rue. On a sa maison, son toit, avec un peu de chance dans un endroit ensoleillé, à l'image de la chanson d'Aznavour, « Emmenez-moi au bout de la terre, il me semble que la misère serait moins pénible au soleil »... Car des parcours qui s'arrêtent, à petit feu ou brutalement, où les fins de mois redeviennent compliquées, c'est bien plus fréquent qu'on ne l'imagine. Des artistes un temps très « *bankable* » se retrouvent à donner des galas de seconde zone, à animer des fêtes de la bière et à chanter devant trois cents spectateurs alors qu'ils remplissaient des salles de cinq mille personnes. Le retour de bâton est cruel, mais il n'y a rien à faire, quand on a goûté aux délices de la célébrité et à sa cohorte de privilèges, on espère toujours revenir. Le chanteur ou la chanteuse qui a fait un tube ne dételle pas – *et si j'avais la chance d'en sortir un deuxième ?* Or il peut se passer quarante ans et ce deuxième tube ne jamais survenir parce que, entre-temps, une nouvelle génération est arrivée, proposant des airs plus à la mode.

L'argent ne fait pas le bonheur, mais il y contribue, qu'on le veuille ou non. En avoir encore un peu quand tout s'arrête, c'est quand même amortir le choc. Si, quand les projecteurs s'éteignent, quand on est tombé du train et qu'on n'y remontera pas, on est, en plus, redevenu économiquement fragile, en général, on finit seul. Pour tous ces jeunes qui ont été faussement célèbres avec *Loft Story*, tous ces héros de la téléréalité qui ont multiplié les couvertures de magazines, avec comme unique fait d'armes d'être connus parce que « vus à la télé », la descente a été terrible. Un jour, dans un train, une jeune fille dont le visage m'évoquait vaguement quelque chose m'aborde : « Vous me reconnaissez ? J'ai été sixième de la première année de *The Voice* ! » Et elle me tend son press-book avec toutes les unes de magazines qu'elle avait faites. Une petite saison de célébrité et puis fini... Je m'enquiers de ce qu'elle devient. « Je continue à chanter, ce soir je me produis dans une boîte de nuit près de Cavaillon. » Elle avait deux chansons, à minuit, en play-back, pour un cachet de misère. Ces jeunes gens se sont brûlés au feu de la célébrité avec une violence incroyable. Je me souviens de ce constat de Loana : « Le plus dur, c'est de lire mon échec dans le regard de ceux qui m'ont vue partir à Paris et devenir célèbre en quelques mois : *Tu croyais que c'était facile, et tu es revenue parmi nous. Tu n'es pas mieux que nous.* » Sans durée, la réussite est un mirage aux dégâts collatéraux implacables, y compris financiers, et en avoir conscience est une vraie gamberge. Qu'est-ce que l'on fait pour s'en préserver ? Pour réaliser ses rêves sans se brûler les ailes ? Pour que la vie ne change pas trop, pour garder le contrôle ? Parce qu'on a beau veiller, le succès, la notoriété, le pognon... à un moment, on vrille. C'est pour cela, notamment, que j'ai toujours refusé les invitations l'été. « Viens sur mon bateau, on va passer quelques jours en Corse, je t'envoie mon hélico », etc. D'abord, je ne me sens pas à ma place dans cet univers, et puis surtout je ne veux pas... perdre le goût, la notion de l'effort. Avec la richesse, de plus en plus de gens travaillent pour vous, on délègue davantage, on a moins d'ambition. Quelque part, on devient un peu paresseux. On finit par ne plus avoir envie d'avoir envie, parce qu'on a l'impression d'avoir tout réussi. Évidemment non. Gagner du fric n'est pas la réussite suprême. Tout dépend de ce que l'on en fait. Si on gagne beaucoup d'argent et qu'on ne fréquente que des gens qui sont dans le même cas, on finit par vivre comme un rentier ou comme un héritier, danger mortifère. C'est mortifère parce qu'on perd sa vivacité, on perd le désir et, au bout du compte, on perd ses amis, on s'enferme dans un cercle de plus en plus restreint. Les riches vivent entre eux. C'est une cooptation, une franc-maçonnerie. Qui ne voit plus ce qui se passe autour d'eux, en dehors d'eux.

Le lien possible, pour moi, entre le fait de gagner beaucoup d'argent et ma culture, mon éducation de gauche, c'est de redonner, en aidant. J'ai été très frappé par cette interview au *Point*, il n'y a pas très longtemps, dans laquelle l'humoriste Blanche Gardin, l'une des artistes les plus douées et les plus piquantes de sa génération, expliquait que dès qu'on est solidaire, notre niveau de bonheur augmente. Je ne m'étais jamais vraiment posé la question sous cet angle, mais elle a raison : lorsque l'on aide ceux qui sont dans des situations précaires, que cela soit notre nature ou vienne de notre éducation, on est plus heureux. Elle a une jolie expression pour le dire, elle dit qu'elle a été « biberonnée à la solidarité » et qu'elle n'y a aucun mérite, avec son « capital génétique très, très rouge » entre un papa encarté au PC toute sa vie et une mère catho de gauche qui accueillaient des semaines, parfois des mois, des personnes en difficulté d'horizons très différents.

Quand on est riche et célèbre, évidemment, on est sollicité. Par des copains du métier désargentés ou qui subissent un revers, une mauvaise passe. J'ai prêté de l'argent à de nombreuses reprises, certains m'ont remboursé, parfois difficilement, mais ils l'ont fait. D'autres non, et ce qui me peine le plus, en réalité, c'est qu'ils ne se sont jamais manifestés pour dire : je n'ai pas oublié. Ils ont purement et simplement disparu, enterré la dette. Une dette de vingt ou trente mille euros, c'était dans ces proportions-là, et plus aucune nouvelle… On est également sollicité par des inconnus. Régulièrement, dans le courrier que je reçois, des téléspectateurs me demandent de l'argent. Ils me racontent leur vie, leurs problèmes, souvent très lourds, très tristes. *Ma grand-mère est malade, son traitement est très coûteux, elle a une toute petite retraite, elle ne s'en sort plus*; *Mon fils est paraplégique, je n'ai pas la somme pour lui acheter le fauteuil dont il aurait besoin.* Ces appels à l'aide me bouleversent, et il m'arrive d'y répondre. Et puis il y a la famille. Une fois qu'on gagne très, très bien sa vie, naturellement, on veut en faire bénéficier les siens, ses enfants, ses neveux, ses nièces, ses frères, ses beaux-frères, etc. Or quand on a une famille où, globalement, chacun s'en sort bien, c'est une question délicate, entre ceux qui peuvent être demandeurs et ceux qui ne demandent rien et répondent, lorsqu'on leur propose : « T'inquiète, je peux me débrouiller tout seul. » Je n'insiste pas, mais oui, je m'inquiète toujours, en bon chef de famille.

Enfin, il y a la famille professionnelle, celles et ceux qui travaillent dans ma petite société de production, DMD. En 2023, lorsque j'ai été entre la vie et la mort, je savais que, si je ne m'en sortais pas, tout s'arrêtait et je mettais au tapis une quinzaine de personnes. Mes collaborateurs sont ma deuxième famille, certains travaillent avec moi depuis trente, quarante, cinquante ans. Nous sommes un cas unique dans le métier. J'ai toujours fait en sorte qu'ils soient bien payés, je ne me verrais pas agir autrement. Mes collaborateurs constituent pour moi la meilleure équipe du métier, d'une fidélité absolue, on se comprend au quart de tour. Je n'ai jamais fliqué, jamais surveillé les horaires. Ils font comme ils veulent. L'unique consigne, c'est : que l'émission soit bonne et que l'on bosse bien ensemble, dans une bonne ambiance. Pour le reste, je ne me vois pas diriger les autres, je n'ai pas du tout ce rapport du patronat, du capitaine de société avec ses troupes. Je connais tout de mes équipes. Leur vie, leur couple, leurs enfants, leur santé... Lorsqu'on travaille avec les mêmes personnes depuis plusieurs décennies, on finit par très bien connaître chacune, chacun. Ce ne sont plus des collaborateurs, ce sont des amis, pour une bonne part les mêmes depuis mes débuts. Françoise Coquet, ma coproductrice, ma jumelle (nous sommes nés le même jour de la même année), m'accompagne depuis soixante ans. Philippe Alain, Filoche, mon bras droit, depuis cinquante ans, avec maintenant à ses côtés son fils Ludovic. Mon irremplaçable Éric Barbette depuis quarante ans. Valérie Moisan et Cathy Costard, trente ans, Florence Faissat, vingt-cinq ans, sans oublier mon autre Philippe, Guillaume, Nicolas, Maïté, Jean-Paul, Nadine, Corinne, Sandrine, Bruno et l'équipe du studio... Ni mes trois réalisateurs, Dominique Colonna, Richard Valverde et Frédéric Pommier ; ainsi qu'Isabelle, Chri-Chri et Magali. La plupart d'entre eux ont fait toute leur vie professionnelle avec moi. Éric me répète souvent que le jour où j'arrêterai, il arrêtera aussi. Par peur de ne pas retrouver le même climat. Mais, s'il m'arrive quelque chose, avec mes réseaux, je ferai tout pour leur retrouver du boulot. Ils n'ont pas à s'inquiéter.

À deux reprises, j'ai dû me séparer de membres de mon équipe ; leur poste était supprimé car la formule de l'émission avait changé. Ils sont partis dans d'excellentes conditions, mais ça a été un des moments les plus difficiles que j'aie vécus. C'est la raison pour laquelle j'ai toujours refusé de prendre la direction d'une chaîne, d'une radio, bien qu'on me l'ait proposé à plusieurs reprises, sous Mitterrand, sous Chirac. L'idée d'avoir à licencier quelqu'un qui a charge d'âmes, femme ou mari, enfants, une famille, pour moi, c'est insupportable, impossible. Je sais comment cela se passe ailleurs, je sais qu'on peut être viré en vingt-quatre heures, avec le minimum d'indemnités légales et sans aucun état d'âme. L'époque veut ça. Cette violence, cette injustice, je ne sais pas faire, je ne veux pas faire. Être conseiller, mettre mon expérience au service d'un patron, pourquoi pas, mais être celui qui supprime des emplois, non. De nombreux copains, Jean-Pierre Elkabbach, Jean-Marie Cavada, Michel Field, Marc-Olivier Fogiel, ont pris ce genre de poste de direction d'un grand média, et je sais que cette partie du job a été la plus pénible pour eux… Certains de leurs collaborateurs étaient des amis. Comment peut-on virer un ami ? « Je suis désolé, mais on va en rester là. » Le goût de ce pouvoir-là, ce genre d'ambition, c'est peut-être un signe évident de réussite, mais ce type de réussite n'a jamais été pour moi.

De même, ma conception du luxe ne se situe pas du tout dans les clichés qui le symbolisent. Par exemple, je ne me sens pas à ma place dans les palaces. Appeler le room-service à n'importe quelle heure, pouvoir demander tout et n'importe quoi, même si c'est agréable, ça fait petit roi qui vient se faire servir et ça me gêne. Non, pour moi, le luxe correspond à une forme de liberté. Pouvoir voyager, bien que je ne voyage plus beaucoup ; j'ai adoré piloter des hélicoptères, et plus récemment des petits avions ULM. C'était un vrai défi pour moi, et une grande fierté parce que ce sont mes seuls diplômes. Avoir acheté l'appartement de mes rêves, avec vue sur les Invalides et la tour Eiffel depuis ma salle à manger. Et, évidemment, avoir pu me faire construire une maison au soleil. Avoir vécu le confinement, lors de la crise du Covid, dans ma maison de Provence, a été un vrai luxe. J'avais parfaitement conscience de ma chance par rapport aux familles entassées dans de minuscules appartements ou aux personnes isolées dans un studio. Mon luxe, c'est aussi de petits plaisirs. Me tenir au courant des nouveaux modèles de pompes de sport sur Internet – j'adore les pompes de sport –, les commander et les recevoir trois jours plus tard. Quand on est animateur à la télévision, comme quand on est acteur ou actrice invité au Festival de Cannes, on vous prête des tenues, vous fréquentez les grands couturiers. Même si je peux m'offrir leurs costumes, j'ai toujours trouvé les prix exorbitants, une forme d'indécence. Dieu sait si la France est le pays du luxe, si les plus grandes marques sont françaises, mais ce n'est pas mon truc. Le dernier modèle de chaussures Berlutti ne me fait ni chaud ni froid, alors que les nouvelles Nike ou le dernier survêtement Adidas, je suis comme un gamin. Comme les vélos… Je suis fou de vélo, tout le monde le sait. Désormais, cela m'est interdit car en cas de chute ce serait une catastrophe, mais les belles bicyclettes ont longtemps été mon caprice. M'offrir le top du top des vélos électriques, c'était le plus merveilleux des jouets. Et puis, bien sûr, mon luxe est de pouvoir offrir à celles et ceux que j'aime tout ce que je veux sans que cela pose de problème financier. Couvrir ma famille de cadeaux, les mettre à l'abri du besoin, tout faire pour leur permettre de réaliser leurs rêves… Rendre ma femme heureuse, or Dany est heureuse uniquement avec les animaux. Qu'elle ait pu sauver en les recueillant quatre ânes, des dizaines de chiens et de chats, des chèvres, des poules, des canards, des lapins, la plupart âgés ou malades, pour moi, voilà le vrai luxe.

La santé

L'inquiétude, le stress, le doute, les insomnies… À peine entré à la télé, je me suis rendu compte que ces poisons pour la santé étaient consubstantiels à ce métier. La rédaction de Cognacq-Jay ressemblait à une ruche bourdonnante où on bossait comme des dingues, à la limite de l'overdose. Internet et Google, Wikipédia, les portables : tous ces moyens technologiques modernes qui permettent de gagner un temps fou n'existaient pas, on devait tout faire soi-même, être son propre assistant, y compris les journalistes vedettes. Il fallait savoir taper, préparer ses fiches, éplucher la presse et les dépêches d'agence, se débrouiller. Chacun avait sa méthode pour ne pas être en retard d'une info. La mienne consistait à dévorer les journaux, découper les articles intéressants et me constituer des piles de dossiers. Pour premiers instruments de travail, j'avais une paire de ciseaux et une agrafeuse, et je découpais, j'agrafais, je découpais. Je continue, d'ailleurs, j'ai des armoires entières de dossiers à la maison. Dans ce rythme intense, entrecoupé de nuits trop courtes et de déplacements fréquents, je voyais bien que mes maîtres, Pierre Desgraupes, Pierre Dumayet, Roger Couderc, Robert Chapatte, Georges de Caunes, Léon Zitrone... qui avaient tous entre quarante et cinquante ans et une longue expérience de radio derrière eux avant de se lancer dans l'aventure de ce nouveau média chronophage, marquaient déjà la fatigue.

Les chanteurs, c'était différent mais ce n'était pas mieux. En plein boom des yéyé, Johnny, Sylvie, Richard Anthony, Christophe, Hervé Vilar, Michèle Torr... donnaient entre deux et trois cents galas par an, avec des sonos médiocres, ils se cassaient la voix, ils n'avaient pas les « retours scène » que l'on a maintenant, là encore ils ne bénéficiaient pas de l'assistance de la technologie moderne. Les organisateurs de ces tournées, sans états d'âme pour la plupart, leur prévoyaient un concert le lundi à Dunkerque et un autre le mardi à Perpignan. Ils devaient rouler toute la nuit pour traverser la France, ce qui en plus d'être épuisant s'avérait extrêmement dangereux. Les soirs où ils n'étaient pas obligés de dormir dans leur voiture, mal installés, pour arriver en temps et en heure sur le lieu du prochain gala, ils sortaient de scène à minuit et ensuite ils allaient dîner. De grandes tablées d'une vingtaine de personnes, où s'incrustaient tous les parasites du coin, où on mangeait mal, buvait trop, dans des volutes de fumée. Ils se couchaient à deux ou trois heures du matin et le lendemain il fallait reprendre la route, repartir à l'autre bout de l'Hexagone vers le gala suivant... Certains conduisaient eux-mêmes, comme Claude François, qui ne déléguait rien et a eu plusieurs accidents. Sans compter ceux qui ont été estropiés à vie.

Serge Lama a subi toute sa carrière les séquelles de l'effroyable accident de la route qui a tué sur le coup sa fiancée, Liliane Benelli, la pianiste de Barbara, et leur conducteur, Jean-Claude Ghrenassia, le frère d'Enrico Macias.

Emportés dans le tourbillon de ces années-là, la plupart ne pensaient pas au lendemain. Claude François, si. Hypocondriaque majuscule, Claude prenait grand soin de sa santé, aussi méticuleux et tyrannique à l'égard de son corps que dans sa manière d'aborder son métier. Il se couchait tard mais se levait tard, dormait dans l'obscurité totale, avec de l'air purifié, il ne buvait pas, il ne fumait pas, il était mince comme un fil, il avait un cœur d'athlète. Sans doute était-ce le secret de son extraordinaire vitalité sur scène, lui qui compensait sa voix assez fluette, de loin pas la meilleure du métier, par une énergie de pile électrique, formidable danseur entouré de ses Clodettes. En concert comme sur les émissions, sa loge ressemblait à une véritable pharmacie. Dès qu'il entendait parler d'un nouveau baume pour rajeunir, il était le premier pigeon à en commander des caisses, hanté par l'idée de vieillir. Meilleur client du célèbre salon de coiffure Carita, il se décolorait les cheveux pour garder une blondeur d'enfant. Adoré des jeunes comme des plus petits, il avait un public considérable – en général, lorsqu'on est populaire auprès des enfants, on l'est auprès de leurs parents et de leurs grands-parents – et se voyait immortel... Très *control freak*, il a voulu tout réussir, tout seul, non seulement sa vie d'artiste, mais aussi une carrière d'entrepreneur qui a été une catastrophe. Il est parti en laissant des montagnes de dettes. Cruauté du destin, de cette génération il est celui qui est mort le plus jeune, à trente-neuf ans, emporté par un tragique accident domestique. Mais, d'une certaine manière, malgré la brièveté de sa carrière, il a eu cette immortalité dont il rêvait. Ses fils, orphelins à huit et neuf ans, continuent de vivre des royalties de leur père, car on n'a jamais cessé d'écouter Cloclo. Près de cinquante ans après sa mort, ses disques continuent de se vendre, et il n'y a pas une soirée où l'on ne danse pas, toutes générations confondues, sur *Magnolias for Ever*, *Alexandrie, Alexandra* ou *Le Lundi au soleil.*

À les fréquenter tous, j'ai vite compris que sur le sujet de la santé et de l'hygiène de vie – baumes magiques exceptés –, j'étais plus proche de Cloclo que de mon pote Johnny. Avec tous les accidents qu'il a eus, c'est un miracle que Johnny ait pu chanter aussi longtemps. Il faut dire que, éclairé par la clientèle de mon père, j'avais été mis au parfum tout jeune. Dans la Normandie rurale des années 1950, le rapport à la santé était des plus rudimentaires. On n'allait à l'hôpital qu'en dernière extrémité. Sinon, on ne quittait pas la ferme. Les femmes y accouchaient : il fallait traire les vaches tous les jours, tâche qui leur était généralement dévolue. Les paysans travaillaient déjà trois cent soixante-cinq jours par an, sans bénéficier du confort qui est apparu ensuite, les tracteurs, les engins agricoles, tout ça est arrivé bien plus tard ; à l'époque, on faisait les foins à la faux, l'été en plein cagnard, entre un coup de cidre et un autre de calva pour se réhydrater. Dans cette campagne encore si semblable à celle de Flaubert et de Maupassant où j'ai grandi, on mettait du calva dans le biberon des bébés. C'est l'endroit de France où il y a eu le plus de cancers de l'œsophage, statistiques à l'appui : l'alcool détruit très tôt les parois de l'estomac. Mon père m'emmenant régulièrement dans ses tournées de visites, j'ai assisté à des scènes surréalistes. Un jour, nous passons voir un patient qu'il suivait depuis longtemps, un fermier de quarante ans qui en paraissait soixante, tout comme sa femme, qui, à trente-cinq ans, avait déjà eu huit grossesses, dont la moitié non désirées. « Docteur, j'ai mal à la poitrine. » Mon père lui prescrit du Synthol et lui promet de repasser deux jours plus tard. Le surlendemain, nous revenons. « Alors, demande papa, ça va mieux ? » Le fermier marmonne : « Bah, j'ai un peu moins mal à la poitrine, mais maintenant j'ai mal au ventre. » Il avait bu le Synthol ! Un autre, dans une autre ferme, se sentait fiévreux. Mon père l'ausculte, lui donne je ne me rappelle plus quoi, probablement de l'aspirine, et lui dit : « Surveillez bien votre température, je reviendrai demain soir voir si la fièvre a baissé. » Il repasse le lendemain : le gars avait gardé le thermomètre, il ne l'avait pas enlevé pendant plus de vingt-quatre heures ! « Ah ben docteur, j'savais pas… » Dans un autre genre, j'ai assisté à mes premiers accouchements à treize ans, à côté de la grande bassine d'eau chaude dans l'âtre de la cheminée. Tout en vérifiant le degré de dilatation du col, mon père m'intimait de dire à la future maman de pousser. « Poussez, madame, poussez ! » Au retour, dans la voiture, il m'expliquait le placenta, le cordon ombilical, le processus de la grossesse dans cette population où bien souvent les femmes retombaient enceintes quelques mois à peine après leur retour de couches, l'absence de moyens de contraception, ce qu'étaient un diaphragme et un stérilet, alors interdits en France... Grâce à lui, j'ai été familiarisé très jeune avec les rudiments de la médecine, les réalités du corps, avec ce qui mettait en péril la santé. Et puis, à l'âge de dix ans, j'ai fait un coma éthylique. Mes parents avaient invité à dîner des confrères médecins. Je dormais près de la cuisine, et sans que personne ne s'en rende compte, j'ai vidé les fonds de verres d'une dizaine de personnes, un mélange de cidre, de calva, de champagne, de bordeaux, de vin blanc... Le lendemain, je ne me suis pas réveillé, je suis resté dans le coaltar trois jours durant. Cet épisode m'a tellement traumatisé que je n'ai pas touché à un verre d'alcool pendant cinquante ans.

Ainsi averti, entré à la télé, j'ai tout de suite compris que ménager la machine était une condition sine qua non si je voulais tenir sur la distance. Cela réclame une discipline quotidienne, une attention permanente, les deux liées à la stabilité de sa vie personnelle. Dès que j'en ai eu les moyens, j'ai mis toutes les chances de mon côté pour m'organiser une existence saine. J'ai choisi de m'installer rue de l'Université, derrière la mythique rue Cognacq-Jay, dans l'idée que, si, un jour, je faisais de la radio, RTL ou Europe 1, puisque les gens de télé étaient engagés par les stations de radio privées, il fallait que j'habite tout près de manière à pouvoir m'y rendre à pied. J'ai même chronométré les deux trajets et essayé différents parcours afin de trouver le plus rapide. Pour RTL, je traversais le pont Alexandre-III, j'arrivais au Grand Palais, et je prenais une petite rue qui donnait sur les garages de la station. Pour

Europe 1, je traversais le pont de l'Alma, je remontais jusqu'à la rue Marbeuf par l'avenue George-V et j'arrivais rue François-Ier. Les deux, un petit quart d'heure montre en main. Mon appartement est au-dessus de la Clinique de la vision, une des cliniques les plus pointues de France, à quelques dizaines de mètres de la Clinique de l'Alma, à deux pas d'une caserne de pompiers, et j'ai toutes les spécialités – dentistes, kinés, gastro-entérologues, pneumologues, laboratoires d'analyses... – à disposition dans un rayon de deux cents mètres, sans oublier deux ou trois indispensables pharmacies, mes commerces préférés. Et puis, en bon hypocondriaque, je n'ai pas attendu d'avoir cinquante ans pour me mettre au régime carottes et endives au jambon. Au restaurant, où il n'y en a pas souvent à la carte, je commande une salade verte, je ne prends pas de dessert, j'évite le gras et les sucreries, et je fais encore plus attention depuis que j'ai eu mes problèmes de santé.

Derrière ces choix d'hygiène de vie, il y a une forme de morale personnelle. Boire ou ne pas boire d'alcool, fumer ou pas, ne signifient pas seulement veiller à son corps pour vivre et exercer ce métier le plus longtemps possible, cela veut dire aussi : est-ce que je m'autorise à lâcher prise, ou au contraire est-ce que je suis toujours dans le contrôle ? Je me rends compte que j'ai toujours pris le parti de la modération, de la maîtrise, même si j'adorais fréquenter des gens comme Johnny, comme Gainsbourg, qui, eux, étaient dans la logique opposée, l'ivresse et les excès. Autant que j'ai pu, j'ai refusé les dîners trop arrosés, très people, très show-biz, les boîtes de nuit, la cigarette, le bruit. Les fois où je me suis laissé entraîner, je suis parti au moment où il fallait partir. C'est vrai, je me suis privé d'un tas de choses. En fait, ce n'est pas folichon de vivre avec moi ! C'est le contraire d'une vie de plaisirs. C'est une vie d'abnégation, de contraintes, une vie de volonté, et je m'y suis habitué très tôt. Mais je ne l'ai jamais regretté, car les rares circonstances où je me suis trouvé embarqué, je n'ai absolument pas profité. Je passais mon temps à regarder ma montre en comptant les heures de sommeil que j'étais en train de perdre et que je paierais le lendemain. Sans doute ai-je une nature bien trop angoissée pour être un fêtard. Je me sens plutôt l'âme d'un sportif de haut niveau. Et les sportifs de haut niveau mènent des existences monacales. Partir à l'assaut des côtes des Alpilles à vélo à sept heures du matin, l'été, avant la grosse chaleur, ou faire des longueurs de piscine a toujours été plus mon truc que rentrer de boîte à l'aube. Honnêtement, ça ne m'a pas réellement coûté : je n'aime pas l'alcool, je n'ai jamais touché une cigarette.

Ma seule addiction, en dehors de la télé, c'est le sport. J'ai pris un plaisir fou à suivre les JO de Paris l'été dernier, les olympiques puis les paralympiques. On a dit et redit à quel point cela avait été une parenthèse enchantée, mais il faut le répéter. Comme soixante millions de Français, je n'ai pas lâché ma télé pendant ces deux quinzaines – chapeau, au passage, à France Télévisions, qui nous a permis de partager derrière nos écrans l'immense liesse des spectateurs sur place. Leur grande force a été d'alterner les retransmissions sur la 2, la 3, la 5 et la chaîne numérique. Quelle réussite, quel bonheur ! On a pu se passionner pour des sports peu médiatiques, le BMX, le tir à l'arc, découvrir la boccia... On a ressorti la table de ping-pong de notre enfance après avoir vu jouer les frères Lebrun. Avec ce coup de génie – bravo, Thierry Reboul, le directeur exécutif de Paris 2024 – d'utiliser la ville pour décor, la place de la Concorde, le Champ-de-Mars, le Grand Palais, la Seine... La cérémonie d'ouverture m'a ébloui, comme le monde entier, et j'ai été fasciné par la cavalcade de ce cheval métallique sur le fleuve. En septembre dernier, pour fêter ses quatre-vingts ans, *Le Parisien* a demandé à quatre-vingts personnalités de choisir celle qu'ils souhaitaient rencontrer. J'ai choisi la cavalière de cette séquence insensée, Morgane Suquart, ancien officier de marine. J'ai été si heureux d'être le parrain de *Quels jeux !*, la joyeuse quotidienne présentée par Léa Salamé, soixante ans après mes premières Olympiades, celles de Tokyo en 1964. Constater, dans une période politiquement compliquée pour notre pays, que le sport reste le seul domaine capable de vraiment rassembler, d'où qu'on vienne, quoi qu'on vive et pense, ça a été une formidable bouffée d'air. J'en tire une leçon, aussi, sur la durée. Contrairement aux artistes, les sportifs savent que le temps de leur carrière est forcément limité, parce que le corps fait qu'à un moment ils sont obligés d'arrêter. Si j'avais pratiqué à un haut niveau, j'aurais choisi le marathon, c'est là que l'on trouve les athlètes les plus âgés. Encore que, regardez Teddy Riner : il nous a promis d'être encore là dans quatre ans, à Los Angeles. Mais regardez surtout les athlètes paralympiques. Ceux qui, avant leur accident, étaient déjà des sportifs avaient tellement ça au fond des tripes qu'ils se sont dit *Je vais continuer avec une prothèse.* D'autres ont transformé leur handicap en une nouvelle raison de vivre, comme le nageur Théo Curin, qui anime aujourd'hui *Slam* sur France 3, et qui a réappris à marcher et à nager après une amputation des deux bras et des deux jambes quand il avait six ans, suite à une méningite foudroyante. Les parcours de vie de ces athlètes forcent le respect. On a découvert des femmes et des hommes incroyables. D'où l'énorme succès des paralympiques : outre l'atmosphère de fête, la beauté de Paris 2024, les gens garderont autant en mémoire les quatre médailles d'or du prodige Léon Marchand ou le nouveau record du monde du perchiste Armand Duplantis que la folle finale de cécifoot remportée par les Bleus ou l'or décroché en boccia par la bouleversante Aurélie Aubert. Sans compter les milliers de vocations que ces Jeux ont peut-être créées : à la rentrée les inscriptions en judo, volley, tir à l'arc, escrime, etc. ont explosé. Oui, pour moi, le sport est une merveilleuse addiction.

En réalité, je ne me suis autorisé qu'un excès mauvais pour la santé : un temps, car j'adorais l'odeur de l'Amsterdamer, j'ai fumé la pipe chez moi. J'ai eu une très brève époque cigare, aussi, j'en allumais un après le dîner, également pour humer le parfum qui s'en dégageait. Mais j'ai rapidement arrêté ; je savais que ça me jouerait des tours sur le plan respiratoire, et puis j'étais hanté par le cancer du poumon. Mon père, bien que pneumologue, était un gros fumeur – les cordonniers, c'est connu, sont les plus mal chaussés. Quand je l'accompagnais dans sa 4CV, où il fumait vitres fermées, il était pris de quintes de toux terribles, il crachait… Ça m'effrayait, d'autant qu'à l'époque on attrapait encore la tuberculose. Ma discipline de fer vient peut-être de là. C'en est devenu presque caricatural. J'ai besoin de mes habitudes, j'ai besoin de calme, j'ai besoin de manger ce que j'aime au rythme que j'aime, à des horaires réguliers. Je vais beaucoup au restaurant, rarement par plaisir. Déjà, comme je n'ai aucune patience, devoir attendre un plat plus de vingt minutes me coupe l'appétit. Et puis j'y vais pour parler, parce qu'il s'agit en général de déjeuners ou de dîners de boulot, or manger en parlant est très mauvais pour la digestion…

C'était mon dialogue récurrent avec Johnny, que j'ai repris dans mon spectacle : « Comment as-tu fait pour être encore là alors que moi je ne fais plus tout jeune et que toi tu ne fais pas encore vieux ? » « Johnny, tu sais bien, on se connaît depuis si longtemps. Je ne bois pas, je ne fume pas, je mange des grillades et des légumes verts, je fais du sport, je me surveille, je vois les médecins, j'ai la même femme depuis cinquante ans… » Il marquait un temps d'arrêt : « Mais quelle vie de con ! T'en as pas marre ? Allez, viens à Saint-Trop' ! » Je n'ai jamais eu envie d'aller à Saint-Trop'. Beaucoup de gens célèbres s'ennuient, ne supportent pas la solitude. Ils ont besoin de toute une bande autour d'eux, et avec les copains on fume, on boit, on déconne, on ne dort pas, on drague… Tout ça, on en paie l'addition un jour. Je me félicite de ne jamais avoir trop transigé là-dessus. Parce que j'avais tout prévu, sauf d'avoir deux pépins cardiaques passé soixante-quinze ans. Mes cardiologues me l'ont affirmé : j'aurais eu une surcharge pondérale, j'aurais picolé et fumé, ils ne m'opéraient pas ; je serais mort sur la table d'opération. Donc aujourd'hui, je remercie cette hygiène de vie militaire car elle m'a permis de m'en sortir. Je reconnais qu'elle n'est pas très glamour, mais sans elle je n'aurais pas survécu. Comme le chante mon ami Adamo, « C'est ma vie, c'est elle qui m'a choisi, c'est pas l'enfer mais c'est pas le paradis, c'est ma vie... »

Bien sûr, on peut m'opposer de célèbres contre-exemples. Winston Churchill, que son whisky, ses cigares et son mantra « *No sport, never...* » n'ont pas empêché de vivre jusqu'à quatre-vingt-onze ans et de marquer l'histoire du monde. Ou, dans un autre style, Gérard Depardieu, qui se met en danger en permanence. On lui a posé je ne sais combien de *stents*, il s'est planté à moto mais continue d'en faire, il est colossal... À ses débuts, il était venu déjeuner un jour à la maison. J'avais prévenu Dany : « On reçoit Depardieu, il faut ce qu'il faut. » Nous avions acheté trois douzaines d'huîtres et deux poulets, il les a liquidés en cinq minutes. Un ogre. Obélix. Nous nous étions mis à table à treize heures, à dix-sept heures il était encore là, je ne sais pas s'il s'en souvient. Il était tellement fou de bonne chère qu'il a eu sa propre boucherie, sa poissonnerie, son restaurant... Les bons vivants me déconcertent, j'ai toujours peur pour eux du moment où leurs excès vont les rattraper. En politique, par exemple, chaque fois que je vois Gérard Larcher, le président du Sénat, ancien vétérinaire et hélas chasseur, j'ai l'impression qu'il passe son temps à table et je m'inquiète sincèrement des résultats de son bilan sanguin.

La vie des politiques, la cadence à laquelle ils tournent est ce qui m'impressionne le plus. Parce qu'ils ont tout à perdre. Leur famille, leurs amis, leurs électeurs, souvent ingrats, leur santé. Quand on voit le nombre de dossiers que doit maîtriser un ministre ou un secrétaire d'État, le rythme de ses journées, sans compter, désormais, les interventions sur les chaînes d'info en continu, le risque de lâcher la moindre phrase qui va être mal interprétée, déformée, sortie de son contexte et tourner en boucle sur les réseaux sociaux… Je ne sais pas comment ils font. Président de la République ou Premier ministre, c'est encore un niveau au-dessus. Tout le temps où il a été Premier ministre, Michel Rocard, nommé par François Mitterrand, qui le détestait d'autant plus que Rocard était très populaire, a subi un calvaire. Mitterrand, en Machiavel, ne manquait pas une occasion de le malmener, de l'humilier. Chaque fois qu'il était convoqué à l'Élysée, Rocard était pris de maux d'estomac épouvantables ou faisait une crise de colique néphrétique en ressortant du bureau du président. Son passage à Matignon l'a essoré, on le lisait sur son visage aux traits torturés. Penser qu'au même moment François Mitterrand souffrait le martyre, qu'il a accompli quasiment la totalité de ses deux septennats en étant atteint d'un cancer de la prostate… Les dernières années, il était blême, il avait un teint de plâtre tellement il souffrait. Et il ne montrait rien. La politique use la santé. Pompidou, Chirac, Mitterrand, c'est la santé qui les a lâchés.

Quand la maladie frappe, certains artistes font preuve également d'un courage stupéfiant. Gilbert Bécaud, par exemple, a continué de chanter jusqu'au bout avec un cancer de la mâchoire. J'ai vu Johnny malade comme un chien avant de monter sur scène. Je n'ai jamais oublié ce qu'il m'avait dit un dimanche où j'étais allé l'écouter chanter et où il n'était vraiment pas en forme : « Tu sais, les trois mille personnes que je vais affronter dans dix minutes, c'est leur soirée. Ils viennent me voir, ils ont payé cher leur billet, ils ont dû économiser pendant des mois pour l'acheter. Il faut qu'ils gardent de moi un souvenir exceptionnel. Il faut que je chante bien, que je sois bon, que je mouille la chemise. Quel que soit le type de concert, il n'y a pas de petit public. Ce que je donne aujourd'hui, c'est la même chose que ce que je donne au Stade de France. » C'est tellement juste. Dès qu'on fait un métier de spectacle, face au public, chanteur, comédien, musicien… quoi qu'il se passe dans sa vie, tragédie familiale, problèmes de couple ou de santé, il faut y aller : le public vous attend, attend de vous l'évasion, le rêve, la distraction qu'il est en droit d'attendre. La Callas disait : « Je joue ma vie chaque fois. » Johnny aussi, à chaque concert, chantait comme si c'était le dernier. Où trouvait-il la force, parfois ? Lors de la tournée des Vieilles Canailles, avec Jacques Dutronc et Eddy Mitchell, il était au bout de ses forces. Ils se relayaient tous les trois, Johnny chantait trois chansons, accroché à son tabouret de bar pour ne pas tomber, il sortait de scène en titubant, on le mettait sous oxygène pendant que Mitchell ou Dutronc prenaient sa place, il suffoquait, au bord du collapsus, on le repoussait sur scène, et il rechantait, porté par cette voix incroyable qui ne l'a jamais lâché, puis de nouveau il ressortait et le processus se répétait. Allongé, dans sa loge, avec une ambulance et un urgentiste en coulisses, au cas où.

The show must go on, toujours, mais cet impératif du monde du spectacle peut cacher des tragédies qu'on n'imagine pas. Serge Lama, par exemple, lui-même victime de l'accident de la route dans lequel il avait perdu sa fiancée, et qui apprend, en plein succès de sa comédie musicale *Napoléon*, au moment de monter sur scène, que ses parents viennent à leur tour d'avoir un accident, son père est mort sur le coup, sa mère est décédée quelques mois plus tard, des suites de ses blessures… Ou Michel Serrault, qui découvre la mort de sa fille Caroline, percutée par un chauffard que poursuivait la police, en rentrant du théâtre où il jouait *La Cage aux folles* avec Jean Poiret, un succès colossal qui est resté à l'affiche pendant sept ans, les spectateurs hurlaient de rire. Le lendemain matin, il reprenait le tournage des *Folies Offenbach*, pour la télévision. Et le soir, il était de nouveau sur la scène du Théâtre du Palais-Royal. Jean Poiret m'a raconté que les larmes coulaient sur son maquillage ; les spectateurs, qui ne savaient pas, les prenaient pour des larmes de rire… Serrault était dévasté, mais il n'a jamais arrêté de jouer.

Quand il a décidé de mettre un terme à sa carrière (une carrière longue de soixante-quinze ans !), à quatre-vingt-treize ans, l'exceptionnel Michel Bouquet, que je voyais souvent, m'a confié : « J'arrête parce que j'ai l'angoisse d'avoir un trou de mémoire, j'ai l'angoisse que ma mémoire me lâche. » Tous les artistes qui ont du public ont cette angoisse de ne plus être au top ; pour un comédien c'est perdre sa mémoire, un chanteur, sa voix, un comique, son rythme de vannes...

Car le plus difficile à gérer, quand on fait un métier public, que l'on soit chanteur, comédien, politique ou homme de télévision, c'est ça : l'angoisse. Le stress. La maladie du stress. Le stress est paralysant, le stress détruit. Jacques Brel vomissait ses tripes avant de monter sur scène, où il se donnait à fond. Moi, j'ai mis plus de cinquante ans à le domestiquer. J'ai eu un début d'ulcère à l'estomac très tôt, mon père en avait un également. L'estomac est un organe particulièrement sensible à l'inquiétude. Un ulcère à l'estomac provoque une douleur très particulière, qui vous ronge. L'anxiété permanente, les doutes, les complexes, la peur de passer à l'antenne... comment gère-t-on tout ça ? Comment trouver le sommeil ? Comment se rendormir quand on se réveille au beau milieu de la nuit et qu'on commence à gamberger ? Comment avoir la pêche le lendemain quand on n'y est pas parvenu ? On peut mettre en place des petits rituels, avoir toujours un tube de vitamine C dans sa poche, boire un verre de Coca pour se doper, mais, en réalité, il n'y a pas trente-six méthodes. La méthode, c'est d'avoir une vie telle que l'on n'a pas besoin de faire appel à des anxiolytiques ou à des somnifères, qui sont le lot de beaucoup d'artistes et qui font entrer dans une autre spirale, celle de l'accoutumance médicamenteuse. Les deux nuits précédant mon interview de Simone de Beauvoir, je n'ai pas fermé l'œil. Pas davantage la première fois que j'ai consacré un *Vivement dimanche* à Jean Daniel, figure iconique du *Nouvel Obs* et idole de ma mère. Ou encore lorsque j'ai reçu Martine Aubry avant que toute la classe politique ne défile sur mon canapé rouge durant des années. Personne ne l'avoue, mais lorsqu'on anime des divertissements ou des talk-shows culturels et qu'on n'est pas bétonné sur le plan intellectuel, adoubé par des études supérieures, on a toujours peur d'être pris en flagrant délit d'inculture ou de méconnaissance des sujets, taxé d'une forme d'imposture.

Le piège de la célébrité est la perte de lucidité, le risque de moins travailler. De faire bosser les autres et de travailler moins, d'être moins concentré. C'est une pente dangereuse. Le meilleur antidote que je connaisse, c'est le trac. Je cite toujours l'anecdote de Jouvet avec cette jeune comédienne du Conservatoire qui lui dit : « Moi, monsieur Jouvet, je n'ai pas le trac », et Jouvet qui lui répond de sa voix inimitable, reconnaissable entre toutes : « Revenez me voir quand vous aurez du talent. » Il faut avoir le trac. Pour moi, le trac est un moteur. Bien sûr, il y a le bon et le mauvais stress, comme il y a le bon et le mauvais cholestérol, mais il faut avoir peur, sans le montrer, c'est là qu'est la difficulté.

Je suis très anxieux, même si je m'efforce de le masquer. Au début, je suis toujours un peu angoissé, encore maintenant, mais une fois que l'émission est en route, il n'y a plus de problème. Au fil des années, j'ai appris à me détendre, à pratiquer la dérision et surtout l'autodérision – s'il y a une règle d'or dans ce métier, c'est l'humour.

L'humour sur soi. C'est lui qui permet de se sauver de toutes les situations. Mais, même avec l'humour, chez quelqu'un d'anxieux, le stress se répercute sur tout : avoir un mauvais papier, se faire étriller dans la presse élitiste, la presse d'opinion, prend des proportions démesurées, même si on sait que le grand public s'en fiche, parce que l'essentiel des téléspectateurs ne lit pas cette presse-là. Avec l'expérience, il arrive un moment où cela n'a plus d'importance, mais pendant longtemps ça mine. De même que le stress de terminer une saison en ignorant si on enchaînera sur la suivante. Se savoir observé à la loupe par tous les confrères (qu'on observe aussi, soyons honnête), les comparaisons permanentes des uns par rapport aux autres... Vous animez une émission populaire dont l'essentiel du public est provincial ? Peu importe, le petit milieu parisien reste celui qui fait la pluie et le beau temps ; et les rumeurs vous reviennent aux oreilles. Même si vous ne les entendez pas directement, il se trouvera toujours une âme charitable pour vous les répéter. Aujourd'hui, en plus, on a la force de frappe, en l'occurrence la capacité de nuisance, des réseaux sociaux. La concurrence que j'ai connue à mes débuts n'était pas aussi sauvage que maintenant. Les sondages n'existaient pas ; le premier, dans *France-Soir*, s'appelait le « konso », c'était folklorique, cela n'avait aucune valeur scientifique : tous les soirs, vers neuf heures et demie, quelqu'un du journal téléphonait à une cinquantaine de personnes au hasard pour leur demander ce qu'elles avaient regardé et publiait le résultat le lendemain. Rien à voir avec les couperets de Médiamétrie. Aujourd'hui, même en plein été, au cœur des vacances où l'audience baisse de cinquante pour cent, chaque matin les chiffres de *Puremédias* surgissent sur votre tablette, où se déroule tous les jours la même litanie : Untel a fait + 15, coup de barre de tel autre, le troisième s'effondre, etc. Alors qu'une émission se jauge sur la distance, sur un an, deux ans ; surtout une quotidienne, il est absurde de la juger le mardi quand elle a commencé le lundi… Là aussi, c'est la dictature du buzz, accentuée par le fait que, globalement, une certaine presse écrite a le plus grand mépris pour les gens de télévision. Ils sont ravis d'en faire, accourent sur les plateaux quand on les invite, mais la télévision reste un média peu glorieux pour un certain nombre de confrères. Un journaliste du *Point*, du *Nouvel Obs* ou du *Monde*, la plupart du temps ne connaît pas ceux qui animent les émissions populaires durant la journée. Pour eux, la télé n'existe que le soir. Quand on a une émission le dimanche en journée, on dépend de la météo. S'il fait beau, les gens vont se promener. Le week-end, on n'a pas la même audience qu'à midi ou le soir. Cela va de soi. Plus les heures avancent, plus l'audience monte.

Tous ces petits stress s'additionnent les uns aux autres et il faut apprendre à se bétonner, car ils font partie du métier. Éviter ces pièges-là suppose une attention constante. Le danger qui guette alors, c'est qu'on devienne narcissique. À force de se regarder le nombril, on finit par tourner en rond sur son ego surdimensionné. Nous vivons, nous, les gens de télé, dans un ego-système. Or il faut accepter la critique. Il faut accepter d'entendre « L'émission de Machin, c'est autre chose, hein ! », « Tu es très mauvais en ce moment », « Tu as une sale gueule »… et ne pas en faire une montagne, parce que ça passera : tout passe. Y résister tient à la santé. Plus on est en bonne santé physique, mentale, plus on a de réserves. J'ai appris cela du sport. Plus on en a sous la pédale, plus on est sécurisé. Et le capital santé, dans nos métiers publics, peut s'user très vite. Une petite baisse de vigilance, deux, trois soirs de suite on se couche tard et on se dit *Ce n'est pas grave*. Si, c'est grave. Accumuler des nuits de quatre heures au lieu de huit en se couchant sitôt après avoir dîné, et un dîner bien arrosé, finit par peser. Plus on se couche tard, plus on raccourcit ses heures de sommeil, plus on titube et moins on a une bonne voix au réveil. Certains chanteurs sont incapables de chanter avant quatre heures de l'après-midi, parce qu'ils créent la nuit et du coup se couchent très tard, Serge Lama et Adamo en sont les meilleurs exemples. J'évolue dans un milieu où avoir des horaires réguliers est une gageure. Aller, de temps en temps, dans ces dîners parisiens où les réputations se font et se défont ou bien inviter soi-même fait aussi partie du jeu, même si l'on n'est pas mondain. Alain Duhamel, quatre-vingt-trois ans, l'un de nos derniers grands éditorialistes, avait sur cette question une méthode imparable. Chaque fois qu'il organisait un dîner chez lui, avec une petite dizaine de convives, des confrères journalistes, des stars de la politique, invariablement, à dix heures et quart, il disait : « Mes amis, je suis désolé, je vais vous abandonner parce que je dois aller me coucher. » Et à dix heures et demie pétantes, il quittait la table. J'aimerais faire la même chose, lui qui dit de nous que nous sommes des « vestiges pittoresques », même si souvent je n'ose pas.

J'ai fini par apprivoiser mon stress de prendre l'antenne, mais je stresse toujours autant quand je vais déjeuner avec l'un de mes patrons. C'est absurde, infantile, ma carrière est faite. Mais je ne me suis jamais débarrassé du stress de la hiérarchie. J'ai la crainte permanente qu'il me tombe une mauvaise nouvelle sur le coin de la tête à un moment ou à un autre du repas. Comme si tournait toujours dans mon cerveau cette sempiternelle question de ma mère, chaque mois de juin : « Est-ce qu'on te reprend à la rentrée ou est-ce que tu redoubles ? » C'est aussi mon syndrome « Philippe Guilhaume », du nom de ce président d'Antenne 2 à l'époque, que j'invite un jour à déjeuner à la maison. J'avais quarante-cinq ans. Au fromage, il m'explique que je suis un homme du passé, et que la télé de demain ne passera ni par Bernard Pivot ni par moi. Au dessert, il me traite de *has been*, selon l'expression en vogue alors. Au café, il lâche enfin la véritable raison de sa présence : il voulait arrêter *Champs-Élysées*, qui existait depuis huit ans. Je lui rétorque que l'émission cartonne. Il hoche la tête, admet qu'il a peut-être été maladroit, et m'explique qu'il faut que je me fasse relooker, au moment où Dany sort de la cuisine avec deux expressos et se présente : « Bonjour, je suis la femme du *has been*. » Puis je le raccompagne à l'ascenseur, et là, il me donne le coup de grâce : « Écoutez, Michel, continuez *Champs-Élysées* pendant un an et d'ici là, formez un jeune. »

Après les opérations cardiaques très graves que j'ai subies les trois dernières années, mes médecins me conseillent d'éliminer tout stress. Mais, à supposer que demain je mette un terme à ma carrière, que j'aille me retirer dans ma maison en Provence, à l'abri de tout, il me semble qu'il me rattraperait quand même. Il y a quelque chose d'un pacte faustien dans le choix d'exercer un métier public : choisir cette vie-là, c'est accepter de vivre avec la maladie du stress. Me concernant, elle m'accompagne depuis bien avant que je sois devenu un homme de télévision. J'ai grandi dans une famille d'anxieux, mon père, je l'ai dit, était très colérique, jamais vraiment heureux, il régnait une atmosphère lourde, douloureuse à la maison. Je ne l'ai jamais vu détendu. Mon frère Jean, mon héros, est mort d'une crise d'asthme, qui est une maladie psychosomatique, à soixante-deux ans, si jeune, nous avions encore tant de choses à réaliser ensemble… Je vis avec une femme qui a toujours peur du lendemain, dans un climat de qui-vive permanent. Ce qui est en même temps un stimulant. Non, je pense que le stress ne s'arrête jamais, que lorsqu'on est né avec, on le garde à toutes les étapes de sa vie.

C'est une souffrance, comme toute maladie, pour autant je ne peux pas dire qu'il m'a rendu malheureux. J'ai même pris conscience que j'en avais besoin. Que cette intranquillité est mon moteur. L'adrénaline qui me rend vivant. J'ai besoin de me poser des questions, d'être plutôt pessimiste et de me dire, finalement : *Pourquoi t'es-tu inquiété ? Regarde, ça s'est bien passé.* Ma façon de le vaincre consiste à réussir des choses que je n'aurais jamais pensé réussir. À m'étonner moi-même. Mon stress est une course éperdue à la légitimité. Ce qui m'a rendu malheureux, c'est ce gouffre que je n'ai pas réussi à combler : de n'avoir rien fichu entre dix et vingt ans, une décennie perdue… Cette décennie cruciale où tout se décide, où l'on entre dans l'âge adulte, où l'on choisit ses études, où l'on construit les fondations de son futur. J'ai passé mon temps à chercher les moyens de masquer ce trou noir, jamais guéri du complexe de n'avoir pu faire aucune des grandes écoles dont rêvaient mes parents pour leurs trois enfants. Ce complexe aussi est la source de mon inquiétude permanente.

Il n'y a aucune raison qu'elle disparaisse, elle qui m'accompagne depuis si longtemps. Le stress, l'inquiétude font partie de la vie, de toute façon. Ce qui a changé ces derniers temps, c'est que, désormais, tout est du bonus. À l'hôpital, il y a cinq ans, j'étais devenu une ombre. Deux infirmières devaient m'amener dans la salle de bains, m'aider à me laver. Pendant trois mois – c'est long, trois mois. Avec l'eau chaude que dégageait la douche, le miroir était empli de buée, et je ne me voyais pas… Au bout de trois mois, j'ai commencé à pouvoir aller prendre ma douche tout seul. Un matin, je me suis dit que je ne pouvais plus reculer. J'appréhendais, mais il fallait que je constate à quoi je ressemblais, quelle gueule j'avais. J'ai attrapé une serviette pour effacer la buée et là, j'ai eu un coup terrible. Dans la glace, un vieillard. Je ne me suis pas reconnu. J'avais pris dix ans, j'avais perdu dix kilos, j'avais les cheveux longs parce qu'on ne vous coupe pas les cheveux à l'hôpital. Je n'avais plus d'épaules, plus de bras, plus rien, j'étais creusé. Une ombre. Un fantôme. Je me suis dit : je ne me regarderai plus jamais, jamais, jamais. La deuxième fois, il y a deux ans, idem. Sauf que la deuxième fois, j'avais déjà vécu la première fois : je savais que j'allais m'en sortir. Et je suis revenu.

La famille

Rien n'est plus juste que l'adage « Derrière chaque grand homme se cache une femme » (ou l'inverse). Il y a finalement assez peu d'exemples de carrières très longues au sommet, mais si on y regarde bien, chacune de ces réussites exceptionnelles repose sur un duo, où celui ou celle qui prend toute la lumière ne peut briller que parce que œuvre, à ses côtés, sa « moitié » indispensable – épouse, époux, pygmalion… Cela se vérifie en politique comme dans les affaires et chez les artistes.

Jacques Chirac n'aurait pas fait le parcours qu'il a fait sans Bernadette. Parmi les femmes de grands fauves politiques qui ont joué un rôle essentiel dans la carrière de leur mari, Bernadette Chirac se distingue. Elle a avalé quantité de couleuvres – il n'est un secret pour personne que Jacques Chirac était un époux volage, elle l'a toujours su, mais leur couple était indéboulonnable. Ils se sont connus jeunes, à Sciences Po où elle lui mitonnait ses fiches alors qu'il préparait le concours de l'ENA. Ils venaient de deux mondes très différents, elle née Chodron de Courcel, une vieille famille catholique, l'un de ses oncles avait été l'aide de camp du général de Gaulle lors de l'appel du 18 juin ; lui issu d'une lignée de hussards noirs corréziens, ces instituteurs de la IIIe République, piliers de la laïcité, plutôt des radicaux-socialistes. Bien que sa famille à elle ait très mal accepté leur mariage, elle a tenu bon : elle savait, déjà, ce qu'elle voulait. Je les ai côtoyés d'assez près, puisque j'ai fait trois *Vivement dimanche* avec eux. Bernadette n'était pas seulement une femme particulièrement lucide, intransigeante et rigoureuse, certes pas toujours dans la bienveillance, elle était aussi une vraie et une fine politique. Il ne faut pas oublier qu'à part Anne-Aymone Giscard d'Estaing, très brièvement, elle a été la seule épouse de président de la Ve à exercer un mandat électif – conseillère générale de la Corrèze pendant plus de vingt ans –, y compris après le départ de son mari de l'Élysée. Si elle l'avait pu, elle serait bien restée un mandat supplémentaire – son côté « reine d'Angleterre ». Ce sens politique, j'en ai été le témoin dès que nous avons commencé à préparer notre première émission ensemble. C'était en octobre 2001, peu avant la présidentielle de 2002 où Jacques Chirac remettait son mandat en jeu. Alors que les sondages semblaient plutôt favorables à Lionel Jospin, son Premier ministre de cohabitation (qui, lui, avait refusé l'invitation de *Vivement dimanche*), elle a tout de suite senti que sa venue chez nous pourrait constituer un atout pour la réélection de son mari. Les semaines précédant l'enregistrement, avec Éric Barbette, mon fidèle assistant, nous avions de fréquents rendez-vous dans son bureau à l'Élysée afin de tout mettre au point, et ce qui m'a frappé, très vite, c'est que Chirac l'appelait pour un oui ou pour un non. Bernadette avait remarqué que je m'en étais rendu compte. À peine m'étais-je installé qu'elle me lançait, espiègle : « Quelle heure est-il, neuf heures et demie ? Jacques se rend à Toulouse aujourd'hui, il doit être sur le point de décoller, là. Vous allez voir, Michel, le temps qu'il atterrisse, dans deux heures, il va m'appeler. » Deux heures plus tard, nous étions en plein travail, coup de téléphone. « Alors, Jacques, quoi de neuf depuis ce matin ? Vous avez eu un bon vol ?... Oui, moi, tout va bien. Bonne journée... Qu'est-ce que je fais ? Eh bien, vous le savez, je suis avec le petit Drucker et M. Barbette, nous préparons l'émission... Est-ce que sa chienne est là ? Non, sa chienne n'est pas là... Oui, je sais qu'il a un rapport particulier avec les animaux... Je raccroche, Jacques. » Et elle se tournait vers moi : « Il va me rappeler. En fin d'après-midi, si vous êtes encore là, vous allez voir qu'il va me rappeler. » Chirac avait une journée très chargée avec les élus locaux, le boulot d'un président de la République en déplacement en province. En fin d'après-midi, nous étions encore en train de travailler, et ça ne ratait pas : de nouveau, le téléphone sonnait. « Oui, Jacques, que s'est-il passé de nouveau depuis midi ? Ah, vous reprenez l'avion ! Très bien. Parfait... Ce que l'on mange ce soir ? Je ne sais pas encore. Je vais voir avec le chef... Oui, Drucker est toujours là... C'est long, vous trouvez ? Eh bien oui, c'est long. Je me prépare très sérieusement parce que c'est ma première grande émission. Et qu'elle est importante pour moi et importante pour vous. Ne vous inquiétez pas. Tout se passe bien. Il n'y a pas de piège. Avec Michel Drucker, il n'y a jamais de piège. Vous le savez, ça. À tout à l'heure, Jacques. Ne mangez pas trop. Ne buvez pas trop. Soyez sage ! » Elle lui parlait comme à un gamin. Jacques Chirac était un grand enfant. Elle raccrochait et se tournait vers moi en soupirant : « Mon mari est un moulin à vent. Il tourne tout le temps, tout le temps. Il n'arrête jamais. » Puis elle me racontait que, ses longues journées finies, une fois qu'il rentrait, il n'aimait pas ressortir alors qu'elle adorait sortir le soir. Lui préférait se coucher tôt. Ou, de temps en temps, pour se détendre, il lui proposait de regarder un western. « Jacques, lui rétorquait-elle, nous l'avons vu dix fois, ce western. » « Oui, mais j'adore John Wayne. Je le préfère à Gary Cooper. » Il faut imaginer que le soir, pour se détendre, Jacques Chirac proposait à sa femme de regarder des westerns en noir et blanc, toujours les mêmes. Ils avaient un rapport étonnant, un rapport de mère à fils. Ce *Vivement dimanche*, diffusé à quelques mois de la déroute de Jospin et de l'accession de Le Pen au second tour, a été très utile au président, de son propre avis. Bernadette a vraiment mouillé le maillot pour lui. Elle était omniprésente. Leur fille Claude, aussi, à qui Chirac avait confié sa communication lorsqu'il a été élu en 1995. Claude lui a ouvert des horizons nouveaux parce qu'elle était dans le coup, amie avec des gens du spectacle, elle lui a permis de prendre le pouls de la jeunesse et de rajeunir son image. Mère et fille avaient d'ailleurs des relations tendues, mais pour moi le couple Chirac reste l'exemple même d'une grande et longue carrière à deux, à l'image du couple Clinton ou du couple Obama hors de nos frontières.

Dans ce rapport presque filial, je vois un point commun

avec les Macron. Bien sûr, Emmanuel Macron est beaucoup plus jeune que ne l'était Jacques Chirac quand il a accédé au pouvoir, mais on sent que lui aussi s'appuie énormément sur son épouse. Le couple qu'il forme avec Brigitte est un couple totalement atypique, unique dans l'histoire politique contemporaine. De par leur différence d'âge, de par leur histoire. Ce jeune président tombé amoureux à seize ans de sa professeure de théâtre à Amiens, ça a en même temps surpris et séduit tout le monde. On disait : « Les Français, il n'y a qu'eux pour faire ça. » La première fois que j'ai rencontré Brigitte Macron, je n'ai pas pu m'empêcher de songer au film d'André Cayatte, *Mourir d'aimer* – avec en bande-son la si belle chanson d'Aznavour, sur l'affaire Gabrielle Russier –, le destin tragique de cette enseignante qui s'était suicidée après avoir été accusée de détournement de mineur. L'histoire du couple Macron, c'est l'affaire Gabrielle Russier qui se termine bien. Elle a été sa professeure, il avait quinze, seize ans lorsqu'elle l'a connu ; s'il y a quelqu'un qui connaît le président, et qu'il écoute, c'est bien elle. Eux aussi forment un duo dont la solidité a nécessairement joué dans son ascension fulgurante.

Ni Bernadette Chirac ni Brigitte Macron ne sont des femmes de l'ombre. Dans le monde des affaires, on voit peu les épouses des grands capitaines d'industrie, pourtant elles jouent un rôle tout aussi essentiel. J'ai plusieurs fois été reçu, par exemple, à la table des Pinault ; Maryvonne Pinault, en dépit d'une grande discrétion ou peut-être grâce à elle, est une hôtesse exceptionnelle. Elle maîtrise à la perfection ces dîners privés où se mêlent dans une savante alchimie personnalités et amis proches. Quand on a la carrière et la stature d'un François Pinault, savoir recevoir n'a rien d'anecdotique. Les gouvernements passent, les présidents de la République changent, mais, chaque semaine, le milieu des affaires au plus haut niveau réunit dans des dîners parisiens grands patrons, journalistes, politiques et personnalités en vue. On y parle peu métier, on cancane, on se moque des uns, des autres, on ironise à fleurets mouchetés autour de grands vins et de mets fins, mais ces dîners informels ont en réalité une fonction importante pour alimenter le nerf de la guerre qui reprendra dès le lendemain matin : le business, les réseaux d'influence, le pouvoir… Pour qui sait observer, cette comédie humaine réglée comme un ballet est passionnante, car on y apprend et comprend beaucoup de choses. Entre autres, précisément, la place centrale des épouses dans la carrière de leur mari.

Dans le monde du spectacle, il arrive plus fréquemment qu'en politique ou dans les affaires que la femme soit la vedette du couple. Selon les cas, son compagnon joue alors le rôle de pygmalion, de vigie ou de phare, lui laissant parfois peu de latitude sur ses choix de carrière. Annie Cordy était ainsi une remarquable comédienne, elle était absolument extraordinaire aux côtés de Simone Signoret et de Jean Gabin dans *Le Chat*, elle savait tout faire, actrice, chanteuse, danseuse, meneuse de revue, fantaisiste… Elle est restée dans le cœur des gens comme une artiste immensément populaire, mais on n'a retenu d'elle que ses chansons rigolardes, ses pochades pour les petits.

Pourquoi ? Parce que Bruno, son mari, un homme d'affaires qui avait réussi dans l'immobilier, une fois qu'il a eu décidé de devenir son imprésario, l'a managée de A à Z. Aznavour, qui était très ami avec elle, me disait toujours que si Bruno ne l'en avait pas empêchée, Annie aurait conquis les États-Unis. Mais Bruno a refusé qu'elle y aille. Il voulait qu'elle reste une vedette franco-française (bien qu'elle fût belge), populaire au sens provincial, et même rural, du terme. Tout le temps de leur vie commune, il lui a fait sillonner les campagnes, les fêtes de la bière et de la bêtise à Cambrai, ou de la saucisse je ne sais où, elle s'est produite dans des champs, l'été, pour célébrer la fin des moissons, partout, n'importe où, souvent dans des conditions rocambolesques, avec une sono approximative. Ils parcouraient des centaines et des centaines de kilomètres dans sa grosse voiture américaine, l'Hexagone dans ses moindres recoins, lui au volant, elle son spitz nommé Féroce sur les genoux. Elle arrivait, elle était contente de retrouver le public et il lui faisait chanter *La Bonne du curé*, *Chaud cacao*... Ces rengaines ultra-populaires dont tout le monde se souvient, que les enfants reprenaient en chœur, assorties d'accessoires surréalistes – il s'occupait de ça aussi. Il s'occupait de tout. Jusqu'à sa mort – il est mort longtemps avant elle –, impossible de s'approcher d'Annie sans passer par Bruno.

Comme Bruno avec Annie Cordy, dès le départ Rebecca a pris en main la carrière de Pierre Perret. Elle l'a connu chez Barclay, la maison de disques, où elle travaillait comme comptable. Je les ai rencontrés alors que j'allais présenter une de mes premières émissions de variétés, l'été 1965, à Font-Romeu, en plein brouillard. Pierre chantait *Le Tord-boyaux*, son premier succès, et Rebecca était déjà là. Tout de suite, elle a tout géré. Les finances, les galas, les promotions, les télés. Ils habitaient à Nangis en Seine-et-Marne, leur foyer était aussi leur bureau, avec une secrétaire et une attachée de presse, une organisation au cordeau. Pierre partait s'isoler un mois pour écrire ses albums dans leur petite maison en Normandie, et il allait régulièrement pêcher le saumon en Irlande, mais à part ça ils ne se quittaient jamais. Aujourd'hui, il a quatre-vingt-dix ans, il chante toujours, de nombreuses salles en France portent son nom, et Rebecca veille au grain comme au premier jour. Tout le monde a toujours su dans le métier qu'être en mauvais termes avec la femme de Pierre Perret augurait très mal de la suite des relations avec son mari.

Impossible d'évoquer ces couples indissociables du show-biz sans parler de Line Renaud et Loulou Gasté. Guitariste célèbre avant la guerre dans l'orchestre de Ray Ventura – l'oncle de Sacha Distel –, Loulou rencontre en 1945 une petite chanteuse de dix-sept ans venue d'Armentières, dans le Nord, au cœur du rude pays des corons et des mineurs. Elle s'appelle Jacqueline Ray (de son véritable nom Jacqueline Enté). Il tombe amoureux, la rebaptise Line Renaud et en quelques années va faire d'elle une vedette avec des chansons rigolotes, sans aucune prétention, comme *Ma cabane au Canada*, son premier tube. Il lui fait écumer la région, traversant les rues des villes avec un haut-parleur pour attirer le chaland, comme font encore aujourd'hui les petits cirques :

« Ce soir à vingt heures, à la salle des fêtes de Villeneuve-d'Ascq, venez écouter Mlle Line Renaud chanter ! » Et puis il a cette idée de génie : faire participer sa championne à la caravane publicitaire du Tour de France. À l'aube des années 1950, dominées par Louison Bobet et Fausto Coppi, les idoles de tout un pays et mes idoles de petit garçon, la caravane était déjà une institution – au fil du temps elle deviendra un business juteux. Deux heures avant la course, elle précédait l'étape du jour et les sponsors du Tour, à l'époque Martini, Saint-Raphaël, Nescafé, Flamidor ou Perrier, distribuaient à la pelle au public, gratuitement, des échantillons, des gadgets, des bonbons, des porte-clefs, des casquettes… Chaque mois de juillet, le Tour offrait le long des routes de France un immense spectacle gratuit où l'on se pressait en famille pour encourager les coureurs mais aussi profiter de ce gigantesque barnum que constituait la caravane. Et Loulou décide d'installer Line au milieu. Il lui fait aménager une voiture avec l'aide de sa maison de disques, Pathé-Marconi, sur le toit de laquelle elle chante, en plein cagnard. Une sono la précède, annonçant sa présence. Tout ça sur plus de trois mille kilomètres, à raison d'environ deux cents kilomètres quotidiens. Dans chaque ville-étape, elle remet le bouquet au vainqueur du jour, et le maillot jaune au premier du classement général. Ensuite, elle va visiter les disquaires, et, le soir, elle donne un concert en plein air devant vingt mille personnes. En l'espace de deux ou trois Tours de France, elle touchait douze millions de gens. Douze millions ! Cela signifiait peut-être un à deux millions d'acheteurs potentiels de ses disques. Aucune radio – la télévision n'en était alors qu'à ses balbutiements – ne permettait d'atteindre un public aussi large. Elle n'a pas été la seule artiste à se produire ainsi : Annie Cordy l'a fait ; Yvette Horner également, pendant plus d'une décennie, a accompagné les boucles du Tour de son accordéon, au point d'en être considérée comme l'égérie. Mais, avant d'avoir la carrière que l'on sait et de devenir une icône, Line Renaud s'est fait connaître et aimer des Français grâce à la caravane. Grâce à ce coup de génie de Loulou, qu'elle a aimé jusqu'à son dernier souffle.

Le plus célèbre et le plus emblématique de ces pygmalions, le seul à avoir façonné une star planétaire, reste René Angélil avec Céline Dion. Pour Céline, René a tenu toutes les places : découvreur, manager, confident, amant, mari, père de ses enfants... La différence d'âge entre eux était presque la même qu'entre Brigitte et Emmanuel Macron, inversée. Quand ils se sont connus, c'est elle qui était adolescente et lui qui aurait pu être son père. Moi qui les ai vus de près, et très tôt, puisqu'elle a débuté dans *Champs-Élysées* à quatorze ans, j'ai tout de suite senti qu'un jour ou l'autre il y aurait anguille sous roche et que ce jour-là, ça ferait du grabuge dans la famille de Céline. Finalement, ses parents s'y sont faits. René s'occupait absolument de tout, de sa carrière artistique comme de leurs affaires. Céline n'a jamais regardé une facture ni signé le moindre chèque. Céline et René, c'était vraiment l'amour d'une vie entière. Lorsqu'il a été emporté par un cancer il y a quelques années, elle s'est retrouvée sans y être du tout préparée à la tête d'un petit empire. Céline ne s'est jamais vraiment remise de la mort de son mentor, même si ses trois enfants sont pour elle d'un grand réconfort. La disparition de son frère Daniel, deux jours seulement après celle de René, l'a plongée dans un abîme de tristesse. Et maintenant, avec un courage indescriptible, elle se bat contre une terrible maladie neurologique, le syndrome de la personne raide. Je craignais qu'elle ne rechante jamais, qu'elle plonge dans la dépression. Son documentaire sur Amazon Prime[1] m'avait pétrifié. Elle y montre tout, ses crises, ses moments de découragement, sa lutte contre la maladie. Elle a toujours été comme ça, Céline : un livre ouvert. Elle a médiatisé son mariage, ses enfants, elle est dans cette transparence, dans cette communion avec ses fans. Et puis il y a eu sa réapparition le soir de la cérémonie d'ouverture des JO, sous une pluie battante. Une performance inouïe. Elle a impressionné le monde entier, moi le premier, même si ça ne m'a pas tant étonné : je connais son mental de championne. Elle s'était préparée minutieusement, comme pour tout ce qu'elle entreprend, elle est arrivée à Paris trois jours avant – elle voulait revoir Paris – et pourtant, jusqu'au dernier moment, il n'y avait aucune certitude qu'elle pourrait chanter. Elle a dû faire un effort de volonté gigantesque pour parvenir à relever ce challenge. Quand je l'ai entendue entonner les premières mesures de *L'Hymne à l'amour*, du haut de la tour Eiffel, tandis que la vasque de la flamme s'élevait dans le ciel de Paris, j'ai été saisi de frissons, comme vous. Elle avait déjà chanté pour les Jeux

1. *Je suis : Céline Dion*, disponible depuis juin 2024.

d'Atlanta, en 1996, *The Power of the Dream*, au sommet de sa gloire. Je me suis souvenu qu'après j'avais appelé René pour les féliciter. Je préparais alors une émission de fin d'année, *Faites la fête !*, et j'avais glissé sans trop y croire que je serais heureux d'y accueillir Céline, si jamais ils passaient par Paris. « Combien de chansons veux-tu ? » m'avait demandé René. « Ne me pose pas la question, lui avais-je répondu, sinon je vais t'en demander cinq ! » Et il m'a promis cinq chansons. « La veille, on sera à Stockholm, le lendemain, on repart à LA, on a un show l'après-midi pour CBS. Elle pourra être chez toi à seize heures, jusqu'à quatre heures du matin. Que veux-tu qu'elle chante ? » Je recevais Alain Delon dans cette émission. En plaisantant, j'ai lancé : « *Paroles, paroles* de Dalida, en duo avec Alain ? » Céline a potassé la chanson dans l'avion, elle est arrivée au studio Gabriel à seize heures pétantes, on a enregistré les cinq chansons, le duo avec Delon était formidable, et au petit matin elle est repartie à pied du studio à son hôtel, tout proche. René m'avait invité à les rejoindre pour le petit déjeuner, elle avait à peine dormi, et pourtant elle était fraîche comme une rose… et vingt-quatre heures plus tard, elle était sur scène pour CBS. C'est ça, Céline Dion. Alors, quand je l'ai vue chanter sur la tour Eiffel, cet inoubliable soir de juillet, avec cette force, cette énergie et, je crois, ce bonheur d'être là, je me suis dit : *Elle est capable de revenir.* Quelle meilleure occasion de s'adresser au monde entier, elle, la star planétaire ? De redonner confiance aux gens ? Si quelqu'un est capable de déjouer cette maladie mystérieuse et terrible, c'est bien Céline. Car elle est hors norme. Elle force l'admiration. J'espère de tout cœur qu'elle reviendra.

Une alchimie complexe, dont la longévité est la clef, unit ces couples construits autour du succès. Quand ça déraille, quand celle ou celui qui est dans la lumière perd son point d'ancrage, tout s'écroule. Le destin de Joe Dassin en est la tragique illustration. Dans les années 1970, Joe Dassin était une très grande vedette populaire, il a chanté des dizaines de tubes, que l'on fredonne encore aujourd'hui ; lui composait la musique, et il avait d'excellents paroliers comme Claude Lemesle ou Pierre Delanoë. Joe occupait une place à part parmi les chanteurs de cette génération, un peu intello parce qu'il était revenu suivre des études supérieures aux États-Unis où il avait grandi avant que son père, le cinéaste Jules Dassin, en soit chassé par le maccarthysme. Il faisait un peu de musique, mais, avec son doctorat en ethnologie, il n'était pas vraiment destiné à devenir une vedette du show-biz. C'est sa première femme, Maryse Grimaldi, qui l'y a poussé. Le succès n'est pas arrivé tout de suite, et pendant ces années de vaches maigres elle a tout sacrifié pour le suivre, l'entourer. Joe était très charismatique, hyperprofessionnel, magnifique dans ses costumes blancs, le brushing impeccable. Fidèle, travailleur, la tête sur les épaules. Et puis il lui est arrivé ce qui arrive souvent à des artistes qui ont commis jusque-là un sans-faute, avec une vie équilibrée, un couple solide, une femme qui veille sur tout, le planning, les galas, le sommeil, pas d'excès de cigarettes, pas de cigares, pas d'alcool, pas de drogues, etc. : après son plus gros tube, *L'Été indien*, il a vrillé. Il s'est mis à vivre l'existence caricaturale d'une star de la chanson. Et un soir, en boîte de nuit, il a rencontré une jeune femme de Rouen, qui vendait des bijoux, il est tombé fou amoureux d'elle, et il a disjoncté. Elle l'a entraîné vers des paradis artificiels qui leur ont été fatals. Lui qui était la ponctualité même s'est mis à arriver en retard sur les plateaux télé, pas rasé, pas coiffé, négligé, des cernes sous les yeux, fatigué, le regard perdu. Une ombre méconnaissable. La suite a été une véritable descente aux enfers, il a accumulé les problèmes de santé, et après avoir fait une perforation de l'estomac, il est mort d'un infarctus à quarante et un ans, à Tahiti où il avait une maison. Il a laissé deux très jeunes orphelins, qui ont à peine connu leur père et vivent encore sur l'héritage de ses succès. Sa seconde épouse, leur mère, est morte très jeune elle aussi. La fin de Joe Dassin, c'est un drame terrible.

À la télévision, même combat : seul ou mal accompagné, on ne peut pas mener une longue carrière. Quand je suis entré à l'ORTF, j'ai eu la chance non seulement d'être dans l'ombre de Léon Zitrone, mais aussi celle d'être son voisin. De ma garçonnière au huitième étage place Clichy, au-dessus de la pharmacie, j'apercevais Léon à table dans sa cuisine, au-dessus du cinéma Wepler. Ça crée des liens. Au côté de Léon, il y avait son épouse Laura, dont il était très épris, ce qu'il manifestait de façon ostensible. Auprès de nous, au bureau, il en faisait des tonnes. À la maison, c'était une autre histoire. Zitrone était un monstre sacré partout sauf chez lui, ainsi que je l'ai découvert le soir où j'ai rencontré sa femme. Après un ou deux ans de télé dans son sillage, alors que je le ramenais chez nous, si j'ose dire – je servais souvent de chauffeur au volant de sa voiture, une Simca 1000 –, il m'invite à dîner : « Drucker, j'ai tellement parlé de vous à Laura qu'elle veut vous connaître. » Je n'en menais pas large : imaginez Delahousse convier chez lui le stagiaire de troisième au JT. Zitrone me pousse devant lui – « Détendez-vous, vous allez beaucoup lui plaire » – et ouvre la porte en hurlant de sa voix de stentor : « Mon amour, ma chérie, mon unique, je suis là, j'ai ramené le petit stagiaire ! » Elle, du fond de la cuisine, sur un ton agacé : « Ah ouais ! Qu'il s'installe ! » Il était quand même vingt et une heures trente. Au bout d'un moment, elle sort de sa cuisine et nous rejoint, une cigarette aux lèvres et essuyant un verre. « Laura, mon amour, susurre Léon, je te présente Michel Drucker, tu sais, je te parle de lui depuis si longtemps, il est notre voisin. » Dans un jet de fumée, elle rétorque : « Ah, c'est vous le stagiaire ! C'est vous qui vous le farcissez toute la journée. Dites donc, vous êtes courageux ! » Je ne savais plus où me mettre. Lui, sans moufter, poursuit : « Mon amour, qu'est-ce qu'on mange ? » « Tu verras bien. » Toujours sans moufter, il ajoute : « Comment m'as-tu trouvé ce soir au journal ? » « Comme d'habitude », répond-elle, et à mon intention : « Non, mais qu'est-ce qu'il croit ? Je l'ai sous les yeux depuis plus de quinze ans, je ne vais pas encore me le taper le soir à la télé ! » À la fois je n'en revenais pas, et à la fois c'était jouissif de voir cet homme si obséquieux avec les puissants et tyrannique avec les petits ainsi remis à sa place. Personnage hors norme qui parlait quatre ou cinq langues dont le russe, savait tout faire, le journal télévisé, *Intervilles*, le hockey, le Tour de France, les mariages et les enterrements des têtes couronnées, Léon Zitrone nous terrorisait à longueur de journée. Savoir que, chaque soir, il rentrait chez lui où sa femme lui tenait la dragée haute d'une certaine manière nous vengeait. Une autre fois, un matin, il m'avait demandé de passer le chercher de très bonne heure. Laura dormait encore. Et là, je vois la plus grande star de la télévision me faire « Chut ! ». Recroquevillé sur une chaise, il était en train de repriser une chaussette avec un œuf – vieille méthode pour recoudre ses chaussettes –, sans un bruit, pour ne pas la réveiller. C'était magnifique. Le genre de scène intime qu'on ne voit jamais, parce que, en général, on ne voit pas celle ou celui qui, en coulisses, régente tout. Laura ne passait rien à Léon, qui, pourtant, ne cessait de quêter son approbation – peut-être le moteur de son ambition ?

Les Zitrone sont restés mariés presque cinquante ans, jusqu'à la mort de Léon, en 1995. Moi, je fête cette année mes cinquante-deux ans de mariage, ce que ma femme qualifie de « coulisses de l'exploit ». Très tôt, dès que j'ai commencé à fréquenter quotidiennement les grands noms de la télé, les chanteurs, j'ai vu la différence entre ceux qui pouvaient s'appuyer sur quelqu'un de solide, une femme, un mari, un ami d'enfance... et ceux qui étaient mal entourés. L'importance d'avoir près de soi quelqu'un qui épaule, conseille et en qui on peut avoir une confiance aveugle. Pourtant, j'étais du genre célibataire endurci, et si j'avais des aventures, plutôt dragueur comme la plupart des types à l'époque, je n'avais aucune intention de consacrer beaucoup de temps à ma vie personnelle, je ne pensais qu'au boulot. Et puis j'ai rencontré Dany… Sans elle, je n'aurais jamais fait le parcours que j'ai fait, jamais.

Arrive donc ce jour du printemps 1972 où Claude François me propose de coprésenter une émission qu'il produisait, à cette époque il voulait devenir producteur de télé, avoir son show à lui. L'émission s'appelait *Avec le cœur* – ça ne s'invente pas –, un beau titre prémonitoire… Cloclo en pinçait pour Dany depuis les années yéyé, ce que je ne savais pas, elle m'a raconté plus tard qu'il avait essayé de la séduire en lui envoyant de gigantesques boîtes de chocolats. Ils s'étaient perdus de vue, mais il espérait bien retenter sa chance sur le tournage, qui durait trois, quatre jours, aux studios de Joinville. Un soir, je m'en souviens comme si c'était hier, nous étions en coulisses, prêts à entrer sur le plateau pour répéter, quand, tout d'un coup, extinction des feux. Panne de lumière totale, à cause d'une de ces grèves surprises dont les techniciens de la SFP avaient le secret. Et là, une espèce de fulgurance, est-ce l'obscurité qui m'a donné du courage, je lui ai lancé : « Dany, vous serez la femme de ma vie. » Comme ça, tout de go. « Qu'est-ce qui vous prend ? » me répond-elle. « Vous serez la femme de ma vie. Je le sais. » Cette sorte d'intuition, de prémonition, d'évidence, c'était au-delà du coup de foudre, c'était… Je la connaissais à peine, je savais juste qu'elle était célèbre, car Dany était une comédienne très célèbre, mais voilà, je me suis débrouillé pour la raccompagner chez elle en voiture, elle habitait avenue Bosquet, dans le VIIe arrondissement, à deux pas de Cognacq-Jay, j'y ai vu un signe du destin, et nous ne nous sommes plus quittés. Très vite, nous avons vécu ensemble et je me suis retrouvé en couple, en famille même, puisque Dany avait une petite fille de six ans, Stéfanie, qui en a cinquante-neuf aujourd'hui et qui est devenue ma fille. Au début, j'étais un peu mal à l'aise d'habiter chez mon amoureuse, je ne voulais pas vivre à ses crochets, déjà à l'époque je rêvais de posséder mon propre toit. Et en même temps, j'ai tout de suite eu la certitude que nous allions former une vraie famille, que notre histoire durerait et que grâce à Dany tout allait changer. Elle avait une expérience de la vie, et de nos métiers, que j'étais loin d'avoir. Elle avait été mariée deux fois, une première fois brièvement, puis avec Maurice Jarre, le père de Stéfanie et de Jean-Michel Jarre, immense compositeur. Il avait débuté au TNP avec Jean Vilar et Gérard Philipe – la mythique sonnerie des *Trompettes d'Avignon*, qui accompagne encore chaque mois de juillet la montée des marches du palais des Papes pendant le festival, c'est lui qui l'a créée. Les musiques de *Lawrence d'Arabie*, du *Docteur Jivago* et de *La Route des Indes*, trois films de David Lean, aussi : elles lui ont valu trois Oscars, récompense rarissime pour un artiste français. Dany, sous contrat avec les studios Disney, avait emmené Maurice Jarre vivre aux États-Unis, où Stéfanie est née. Là-bas, elle a rencontré Jerry Lewis et Tony Curtis sur le tournage de *Boeing Boeing*, Gregory Peck, Pierre Salinger, qui avait été le porte-parole de la Maison-Blanche sous

Kennedy… En France, elle avait joué dans *Les Tricheurs* de Marcel Carné, le film de la jeunesse du tout début des années 1960, annonciateur de la Nouvelle Vague, avec Laurent Terzieff, Jacques Charrier, Pascale Petit, sans oublier Belmondo et Guy Bedos dans un de leurs premiers petits rôles. Elle avait tourné avec Michel Simon, avec Michèle Morgan, avec de Funès… Dany n'a jamais voulu écrire ses Mémoires, mais elle a vécu des choses incroyables. À même pas trente ans, elle avait déjà un long parcours derrière elle, trente-cinq films, des comédies musicales car elle avait débuté toute jeune, élève de l'école des enfants du spectacle ; à neuf ans, elle était figurante sur la scène de Mogador dans *La Danseuse aux étoiles* de Guy des Cars et Vincent Scotto. Elle connaissait par cœur le métier de saltimbanque, elle était d'une grande lucidité sur ce milieu, ses dangers. Dupe de rien, elle n'y était pas accro. Moi oui, sûrement, déjà. Je voulais réussir. Elle voulait que nous réussissions notre histoire. Très vite, elle a décidé d'arrêter. Nous avions vingt-neuf ans tous les deux et elle a eu cette prescience que, probablement, comme tant d'autres, notre couple ne résisterait pas à deux carrières dans la lumière. Dany m'a stabilisé. Je traînais et je traîne encore le complexe de l'autodidacte, de l'absence de diplômes, de celui qui, pendant toute cette période de la vie où normalement on apprend, n'avait rien lu, ne s'intéressait à rien, était incapable de se concentrer. Ce complexe m'empêchait de dormir, j'étais terrifié à l'idée de passer à l'antenne, bien que, bizarrement, cette inquiétude qui me colle à la peau depuis toujours ne se soit jamais vue sur l'écran

– exception faite de ma toute première apparition dans *Sports dimanche* ! Il y a une espèce de mystère autour de ça, j'ai dû mettre inconsciemment une énergie folle à faire l'effort de ne rien montrer. En vivant avec Dany, je me suis retrouvé dans un environnement apaisant – l'inverse, aussi, de ce que j'avais connu dans mon enfance –, avec quelqu'un qui s'occupait de moi, veillait sur moi, me rassurait, me conseillait. C'est elle qui m'a dit : « Reporter sportif, c'est bien, mais tu devrais plutôt développer le divertissement, faire ce que fait Johnny Carson en Amérique. On va aller le voir. » Et elle m'a emmené à Los Angeles. Johnny Carson était le roi du talk-show américain, le *Johnny Carson Show*, une heure tous les soirs, à vingt-trois heures... pendant vingt ans, l'Amérique s'est endormie avec lui. Je n'ai pas été Johnny Carson, mais à chaque grande étape professionnelle, pour passer la barre chaque fois un peu plus haut – divertissement, talk-show, vingt heures trente –, c'est elle qui m'a poussé, encouragé à être plus ambitieux, me répétant : « Contrairement à ce que tu crois, tu as les moyens de tes ambitions. »

Et puis, surtout, Dany connaissait la vie, parce qu'elle venait d'un milieu extrêmement modeste. Elle aidait déjà ses parents lorsqu'elle montait sur scène à neuf ans. Comme tous les anciens pauvres, elle avait la hantise de le redevenir. Elle m'a appris à faire attention au lendemain, à mettre de l'argent de côté, à avoir une année d'impôts d'avance, à être vigilant, moi qui ne savais pas remplir un papier, qui n'était pas du tout pragmatique, complètement dans la lune... Je le suis toujours, d'ailleurs, c'est elle qui gère tout ça. Je pouvais me reposer entièrement sur elle. Cela a tout changé : grâce à elle, je n'avais plus à me préoccuper que de mon job, ma passion, et de réussir ce métier au plus haut niveau. Il ne faut pas se tromper, pour y parvenir, tout compte, y compris la régularité de sa vie quotidienne. Avoir une famille qui vous attend quand vous rentrez le soir, savoir que vous n'avez pas besoin de ressortir, que votre famille vous suffit. Tant qu'on n'a pas trouvé son environnement familial idéal, tant qu'on a le statut de célibataire, libre, on est le type de personne le plus invité dans ce métier, sans cesse sollicité, et comme on n'a pas de point fixe, on y va, on est tenté de sortir tous les soirs, d'aller bouffer au resto avec des copains, de manger n'importe quoi et de rentrer à n'importe quelle heure.

J'ai vu tellement de ravages de familles recomposées, que j'appelle décomposées, avec plusieurs divorces, des séparations, des demi-frères, des demi-sœurs, avec, comme on disait autrefois, des enfants du premier lit, des enfants du deuxième lit… Des copains chanteurs, incapables d'entrer en scène alors que je devais les présenter. Deux mille personnes les attendaient et à deux minutes de la première chanson, ils me disaient : « Je ne peux pas chanter », en larmes, craquant complètement, parce qu'ils venaient de s'engueuler au téléphone avec leur femme ou leur ex-femme. Pareil avec des comédiens, des comédiennes que j'allais saluer dans leur loge, avant les émissions – habitude que j'ai abandonnée, je me suis rendu compte que tout ce dont je voulais les faire parler, nous nous l'étions déjà dit –, et que je trouvais en morceaux, dans un état épouvantable ; ils venaient de se faire larguer. Ou encore cette fois à vélo avec Nicolas Sarkozy, il était encore place Beauvau, au moment où son couple avec Cécilia a explosé, avant l'élection de 2007. Le soir, il était l'invité du 20 heures de Claire Chazal. Nous roulions tous les deux à Longchamp, il n'était pas bien, il avait la migraine ; à un moment, il s'est arrêté et il m'a dit : « Je suis incapable d'y aller, je vais annuler. » Et il a annulé. Ensuite, il y a eu sa campagne électorale, les meetings en province, une tournée de rock star. Il arrivait sur scène, remonté à bloc, brillantissime. Juste avant, *backstage*, il était défait, en plein drame conjugal. Et puis est arrivée Carla...

Je ne donne aucune leçon – on ne vit pas en couple depuis plus de cinquante ans sans que des nuages gris, des orages viennent menacer votre maison, mais chaque fois que le ciel s'est couvert, le soleil est revenu assez vite parce que j'ai toujours su que ma survie était là. Dieu sait si, dans ce métier, on fait des rencontres, et de personnes extrêmement séduisantes. Romy Schneider, par exemple. Nous avions une relation d'amitié, mais je n'étais pas insensible à son charme. Ou encore Jane Fonda. Jane est une femme incroyable, très francophile, d'un charme, d'une classe et d'une intelligence folles... elle me subjuguait, mais, en mon for intérieur, une petite voix me mettait en garde : « Oublie, tu vas le regretter. » Et j'aurais regretté. Car si j'ai eu des tentations, je n'ai jamais franchi cette ligne rouge : mettre en péril ce que Dany et moi avons construit. Bien sûr, il m'est arrivé de déraper, je ne suis pas un saint ; chaque fois, c'est aussi ça la force d'un couple, c'est ma femme qui m'a sorti de là. Quasiment chaque fois que j'ai eu « une ouverture », comme disait Michel Blanc dans *Les Bronzés*, j'en ai parlé à Dany. Là aussi je me reposais sur elle. Mais il m'est arrivé d'être affreusement maladroit, et finalement je ne sais pas mentir… donc ça se voit. Celle qui est la plus vigilante, qui serait la plus jalouse et qui m'observe à la loupe, c'est ma fille Stéfanie, l'autre femme de ma vie. Et puis, je me méfie tellement des gens de ce métier. La promotion canapé, très peu pour moi. Je sais que les jeunes comédiennes, chanteuses, mannequins ou journalistes que je suis amené à côtoyer ne sont pas toujours désintéressées. J'ai toujours été convaincu que si je m'appelais Dupont ou Durand, je ne produirais pas le même effet. Encore une fois, le succès rend attirant. Avec mon tempérament d'inquiet perpétuel, limite parano, j'ai de toute façon un petit voyant qui s'allume dans un coin de ma tête : *Qu'est-ce que ça cache ?*, ce qui rompt vite le charme.

Nous partagions aussi, c'est tout sauf un détail, l'amour des chiens, des animaux – pour Dany, une passion folle. Et le rêve d'avoir, un jour, une maison au soleil, où nous pourrions accueillir les enfants, leurs amis, la famille et toutes les bêtes malheureuses de la Création que Dany parviendrait à sauver. Cette maison en Provence, conçue par ma femme et décorée par Stéfanie, architecte décoratrice et scénographe, est l'aboutissement de toute ma carrière, de tout ce que nous avons voulu bâtir ensemble, notre paradis. Même si nous y séjournons chaque année moins longtemps que nous ne le souhaiterions, ce petit paradis est notre point d'ancrage. Gardé par notre fidèle

Cathy, qui veille aussi de tout son cœur sur nos petits protégés du refuge, peu de gens y pénètrent, c'est notre digue infranchissable. C'est là que je réfléchis le mieux. Toutes les grandes décisions, je les prends ici. Corollaire de ma nature angoissée, je suis quelqu'un qui gamberge et anticipe sans cesse. J'ai appris l'importance d'avoir toujours un coup d'avance. L'été est l'objet de longues discussions avec Dany, bien sûr, mais aussi avec Stéfanie et son compagnon Laurent, ma petite-fille Rebecca et notre indispensable Claude, notre homme de confiance depuis quarante ans, lui aussi amoureux des animaux et qui sait tout de nous. Stéfanie, qui crée les décors de mes émissions depuis toujours, joue un rôle essentiel dans ma vie. Elle m'a mis en scène au théâtre, et depuis mes hospitalisations elle me protège particulièrement, me conseille, me bichonne. Rebecca, sa fille, ma petite-fille, à vingt-neuf ans commence sa carrière de comédienne, sur les traces de sa grand-mère. Elle, son oncle Jean-Michel Jarre et son cousin David, mes nièces Léa et Marie… notre cercle familial a cet avantage : nous sommes tous des saltimbanques, nous parlons la même langue. Alors, régulièrement, nous nous interrogeons sur la suite, ensemble.

Cette année, qui vient de marquer mes soixante ans de carrière, l'interrogation était : à quel moment je tire ma révérence ? Cela fait des années que j'y pense, des années où j'ai évité tous les pièges du jeunisme, contourné les directions successives de France Télévisions qui considéraient que j'avais fait mon temps, qu'il fallait cibler la « ménagère de moins de cinquante ans », puis la « responsable des achats », et que j'étais trop vieux pour le rôle. J'ai traversé cette période de turbulences intact, mais maintenant ? Je vais continuer un an ou deux, au-delà ce serait sans doute une erreur. J'aurai quatre-vingt-quatre ans. Qui fait encore de la télévision à cet âge ? Ça n'existe pas. On peut continuer jusqu'au bout au cinéma, au théâtre, dans la chanson. Comme Line Renaud et Pierre Perret, ou mon ami Adamo, qui vient de fêter ses quatre-vingt-un ans et donne encore des concerts, deux heures sur scène, cent vingt fois par an, en plusieurs langues, dans de nombreux pays. Dany me répète assez : « Mimi, tu ne vas quand même pas continuer éternellement ! Je ne veux pas que tu t'accroches à tout prix, que tu sois un vieil animateur qui joue au faux jeune. » Elle a raison : le risque est de faire la saison de trop. Or mon expérience d'ancien reporter sportif m'a enseigné l'importance de savoir ne pas disputer le combat de trop, le match de trop. On a réussi dans ce métier pas seulement quand on a duré, on a réussi quand on sort par le haut. Quand on part au bon moment. Intuitivement autant que rationnellement, je sais tout ça. Je sais aussi que je n'ai plus rien à apprendre de ce métier. On ne dit jamais qu'il existe plusieurs manières de faire de la télévision. La télévision debout sans personne ; la télévision debout avec public. Pareil pour la télévision assise : seul, le journal télévisé ; avec du public : le talk-show. Et puis la télévision sur scène devant mille personnes en prime time. On ne parle pas de la même façon quand on est assis, quand on est debout et qu'on soit assis ou debout, avec ou sans public. La voix n'est pas la même, la tessiture n'est pas la même, on ne respire pas de la même façon. Toutes ces télévisions, j'ai voulu les apprendre, et j'en ai fait le tour. D'un autre côté, je ne suis absolument pas lassé. Si je suis plus fatigué qu'avant parce que je n'ai plus vingt ans et que j'ai connu de gros soucis de santé, je ne me vois pas comme un vieux, et il me semble que le public non plus. La passion ne fatigue pas, au contraire. Mon père pouvait aller faire un accouchement dans une ferme en pleine nuit, il revenait le matin, il n'avait pas dormi, il toussait, il crachait, il était vanné, mais il était content. J'ai plutôt ce schéma-là en moi. Et il est possible que je n'aie pas le courage d'arrêter. Comme dans la chanson de Dalida, *Mourir sur scène*. Comment choisir de dire *stop*, sans en souffrir, lorsqu'on a vécu soixante ans shooté à une passion quotidienne, pratiqué un métier extraordinaire ? Dans quelle profession a-t-on la chance folle d'aller au théâtre, au concert, de voir des films, de rencontrer des créateurs, des musiciens, des artistes, des écrivains, des politiques ? Tant de gens n'ont pas la chance d'avoir pour métier leur passion. Moi, c'est mon quotidien.

Si je pars, par quoi le remplacer, étant donné mon addiction pour la télévision ? Ça, c'est une vraie discussion de couple. Quand je dis « D'ici un ou deux ans, j'arrête », Dany me rétorque : « Mais je vais t'avoir dans les pattes toute la journée ! Qu'est-ce que tu vas faire ? » Je sais qu'au fond elle s'inquiète surtout de mon aptitude à supporter l'ombre après la lumière. Car depuis plus de cinquante ans que nous vivons ensemble, Dany m'a toujours vu travailler, tout le temps, tout le temps. Partir le matin et revenir le soir. Écumer la France, courir à la radio en plus de la télé, j'ai quand même fait près de vingt ans de radio, une petite dizaine d'années à RTL, dans les années 1975, et deux fois cinq ans à Europe 1, à vingt ans d'intervalle. La somme de travail que j'ai amassée en six décennies est assez considérable. Il a fallu que je tombe malade pour rester un peu chez moi. Maintenant, je ne pars plus le matin, je me repose, je fais la sieste, ma rééducation, je travaille de mon petit bureau, en haut de notre appartement parisien ou dans notre cocon provençal. Même si la décision de quitter l'antenne est une décision dont nous discutons en famille, Dany sait qu'au bout du compte c'est moi qui déciderai, comme jusqu'à maintenant, où cela ne m'a pas trop mal réussi. Au dernier moment, c'est moi qui y verrai clair. Je reviens de deux opérations gravissimes en trois ans. Je m'en suis plutôt bien sorti, j'ai retrouvé la santé, je ne suis pas handicapé et j'ai eu la chance de pouvoir reprendre mon travail, tout de même lesté de trois ans de plus par rapport à la première opération. À quatre-vingts ans passés, j'ai conscience que je ne récupérerai pas comme avant.

Alors j'essaie de me projeter dans des passions de remplacement. La scène, je veux reprendre la scène avant de tirer ma révérence parce que c'est un bonheur merveilleux, il me reste encore une captation télé et une trentaine de dates à honorer, que nous allons reprogrammer puisque ça commençait à bien marcher, et puis ce sera une manière de garder le lien avec le public. Profiter plus souvent de ma maison d'Eygalières tout en continuant de faire la navette avec Paris. Passer mon examen sur ULM – le plus écolo des avions – parce que j'adore ça, recommencer à piloter de petits appareils, je pourrai aller au terrain d'aviation, à vingt-cinq kilomètres de la maison. Rendre visite aux copains, marcher avec Isia, lire tous ces livres que je n'ai pas lus. Visiter les EHPAD de France, il y en a sept mille. J'aimerais aller voir les personnes âgées, qui sont abandonnées, parce que notre société abandonne ses anciens. Ça, c'est très important. J'irai leur faire la lecture, éventuellement, et leur raconter la télé, mes aventures, leur apporter un peu de joie. Je l'ai déjà fait une fois, c'était un moment magnifique. Ce que j'ai vu ce jour-là dans le regard de ces vieilles personnes, que plus personne ne regarde, n'écoute, dont beaucoup ne voient leur famille qu'une fois par an, et encore, qu'on laisse dans un coin, comme au rebut, parce qu'un problème de santé, ou l'âge, leur a coupé les ailes, m'a bouleversé. Et puis quand même trouver un moyen de rester en contact avec la télévision…

La décision de quitter l'antenne doit être claire dans ma tête, tout doit être anticipé. Parce qu'on ne « débranche » pas soixante ans en six mois. Il faut deux ans, le temps de préparer la suite afin de fermer la boutique proprement, et le temps de faire en sorte que tout soit prêt pour ne pas m'ennuyer. Je ne peux pas me tromper, c'est la dernière ligne droite, un fusil à un coup. Je dois faire mon choix en résistant au fait que mon public risque d'être déçu. D'autant que mes patrons Delphine Ernotte et Stéphane Sitbon-Gomez ont tendance à me dire que je ne suis pas un animateur comme les autres. Que je suis « l'ADN de ce métier », que *je suis* ce métier, qu'avec une telle longévité j'ai une place à part. Alors peut-être qu'au dernier moment je n'y arriverai pas, je ne débrancherai pas parce que cela me rendrait trop malheureux, même si je sais que ce serait une erreur. Je suis coincé entre ce que me dictent la raison, mon expérience, la sagesse, et mon désir, qui n'est pas du tout d'arrêter. Ma seule certitude, c'est que je ne partirai pas finir ma carrière sur une chaîne privée, ainsi qu'on me l'a souvent proposé. Ma place est sur le service public. Mais pour le reste, le bon *timing*, ne pas rater ma sortie ? Nous parlons de tout cela à cœur ouvert. Le secret de la longévité réside aussi dans cette franchise : avoir une famille qui vous dit les choses. Quand on s'est planté ou qu'on risque de se planter, qu'on a fait une mauvaise émission, qu'on est passé à côté d'une interview, il faut accepter de l'entendre. Mais certainement pas quand on rentre crevé, énervé, mécontent de soi. La compagne ou le compagnon au long cours sait choisir le bon moment.

Dany et moi avons le même regard sur ce métier. D'une clairvoyance absolue, elle en a fait le tour bien avant moi, ce qui m'a été très utile. Elle ne vient pas sur les plateaux. Elle m'accompagne rarement au théâtre, aux spectacles. On me voit beaucoup, on ne la voit jamais. Ma femme a choisi de vivre dans l'ombre, et n'en souffre surtout pas. À l'image des animaux qu'elle aime tant et à qui elle dévoue une grande partie de son existence, les feux de la rampe, les atours de la notoriété ne lui font ni chaud ni froid. Son bonheur, c'est de s'occuper d'eux, ses animaux, de sa famille, de son clan, et sa grande fierté, c'est ma réussite. Elle y a consacré plus de cinquante ans de sa vie. Lorsqu'elle a décidé d'arrêter ce métier, elle m'a dit : « Va dans la lumière, rapporte de bonnes notes, je m'occupe du reste. » Tout ce que j'ai fait, je l'ai fait aussi pour l'épater. Comme ceux dont je vous ai parlé : Annie Cordy voulait épater Bruno, Line Renaud Loulou et, bien sûr, Céline Dion son René. En cela, notre couple est aussi fondé sur une construction de carrière. Parce qu'elle est la première à m'avoir dit : « Tu peux faire plus, mieux, aller plus haut. » À avoir cru en moi, en somme… J'ai dépassé un peu ses espérances, je crois : jamais nous n'avons imaginé que je serais encore là aujourd'hui. Dans un couple, célèbre ou pas, peu importe, on est là pour épater l'autre. Sa famille. Les siens.

Table

DU MÊME AUTEUR

Ça ira mieux demain, Robert Laffont, 2021

Il faut du temps pour rester jeune, Robert Laffont, 2018

Une année pas comme les autres, Robert Laffont, 2015

De la lumière à l'oubli, Robert Laffont, 2013

Les 500 émissions mythiques de la télévision française, avec Gilles Verlant, Flammarion, 2012

Rappelle-moi, Robert Laffont, 2010

Mais qu'est-ce qu'on va faire de toi ?, Robert Laffont, 2007

Composition : IGS-CP
Impression : CPI Firmin-Didot en mars 2025
Éditions Albin Michel
22, rue Huyghens, 75014 Paris
www.albin-michel.fr
ISBN : 978-2-226-49226-5
N° d'édition : 25840/01 – N° d'impression : 182802
Dépôt légal : avril 2025
Imprimé en France